Défi 3

MÉTHODE DE FRANÇAIS
GUIDE PÉDAGOGIQUE

Auteure
Monique Denyer

ÉDITIONS
maison des langues
www.emdl.fr/fle

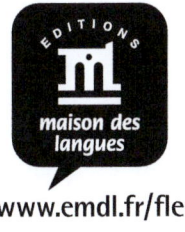

SOMMAIRE

UNITÉ 1.	**Des racines et des ailes**	P. 7-26
UNITÉ 2.	**Allez raconte !**	P. 27-44
UNITÉ 3.	**Langues vivantes**	P. 45-62
UNITÉ 4.	**Bêtes de scène**	P. 63-78
UNITÉ 5.	**Le monde 2.0**	P. 79-96
UNITÉ 6.	**À consommer avec modération**	P. 97-112
UNITÉ 7.	**Planète pas nette**	P. 113-130
UNITÉ 8.	**On lâche rien !**	P. 131-148
UNITÉ 9.	**Êtres différents**	P. 149-167

INTRODUCTION

Défi est une méthode de français originale, motivante et facile à utiliser. Elle est conçue pour accompagner vos apprenants dans l'apprentissage du français, du niveau A2 vers le niveau B1. Ce guide pédagogique a été conçu pour vous aider à utiliser la méthode en vous proposant des conseils, des pistes d'exploitation, des variantes et des approfondissements.

La méthode

Dans **Défi**, le fait culturel et socioculturel se met au service des acquisitions linguistiques. La méthode est structurée en neuf unités didactiques composées de deux dossiers thématiques de six pages chacun et d'une page de lexique. Tous les dossiers sont divisés de la manière suivante : une double-page *Découvrir*, deux doubles-pages *Construire et (inter)agir* et *Construire et créer*. Chaque dossier se termine par une tâche finale. À la fin de chaque unité, une page est dédiée au travail du lexique.

Découvrir

Cette double-page, très visuelle et présentée comme un magazine, propose une entrée dans la thématique culturelle du dossier. Notre intention est de proposer des documents intéressants et réalistes qui permettent à l'apprenant de découvrir une réalité culturelle ou un fait de société propre au monde francophone et, surtout, qui éveille sa curiosité.

Dans **Défi**, le lexique est au cœur de l'apprentissage. La première double-page présente systématiquement un panier de lexique, dans lequel l'apprenant est amené à collecter et construire son répertoire lexical avec les mots nouvellement acquis. Il pourra le compléter tout au long de l'unité.

Construire et (inter)agir / construire et créer

Ces deux doubles-pages permettent d'approfondir la thématique culturelle et amènent l'apprenant à découvrir la langue en contexte.

Dans chaque dossier, on retrouve les rubriques suivantes qui permettent un travail guidé pour l'acquisition des compétences.

Avant de lire : des activités basées sur les connaissances préalables des apprenants pour faciliter la mise en route.

Lire, comprendre et réagir : des activités centrées sur la compréhension des documents.

Travailler la langue : des activités pour découvrir les points de grammaire et de lexique de manière inductive.

Écouter, comprendre et réagir : des activités pour comprendre un audio en relation avec le document.

Regarder, comprendre et réagir : des vidéos authentiques accompagnée d'exploitations pédagogiques.

Produire et interagir : des activités pour co-construire ses apprentissages, volontairements tournées vers l'interaction en classe. L'apprenant est amené à réagir et interagir à partir de sa propre identité et de son vécu qui est un élément motivant dans son apprentissage.

Les encadrés *Ah bon ?* présents dans les dossiers proposent des informations culturelles complémentaires sur la thématique ou le document.

Les stratégies de lecture

Le défi consiste à proposer des documents intéressants où la langue est utilisée en contexte, tout en étant abordable pour des apprenants de niveau B1. Nous avons relevé ce défi avec les stratégies de lecture et d'écoute.

Elles facilitent la compréhension des documents et développent l'autonomie de chaque apprenant. Elles permettent d'aborder les documents à partir des connaissances préalables de l'apprenant sur le monde, les genres et formats de textes et bien sûr à partir de ses connaissances linguistiques.

Vous retrouvez à la fin de l'ouvrage un mémento des stratégies pour permettre à l'apprenant de prendre conscience des stratégies qu'il met en place.

Sur **espacevirtuel.emdl.fr** retrouvez le mémento des stratégies.

Les tâches (Défi) de fin de dossier :

Chaque dossier se termine par un défi, une tâche, permettant de mobiliser l'ensemble des acquis linguistiques et culturels du dossier. Les tâches sont volontairement courtes, guidées et faciles à réaliser. Vous trouverez dans ce guide pédagogique des exemples et variantes numériques.

S'approprier les mots

Cette page complète le processus d'acquisition du lexique réalisé tout au long de l'unité. Elle propose des activités variées (collocations, co-occurences, cartes mentales, comparaison avec sa propre langue, etc.) pour que l'apprenant s'approprie le lexique selon ses besoins et ses goûts.

Les vidéos de la méthode

Dans chaque unité, des vidéos en lien avec la thématique sont didactisées et intégrées dans la dynamique des doubles-pages. Des exploitations pédagogiques pour aller plus loin sont disponibles sur l'Espace virtuel.

Défi c'est aussi un *Cahier d'exercices*

Pour chaque unité didactique, il propose des exercices qui reprennent et approfondissent les compétences linguistiques de l'apprenant avec un travail systématique sur le lexique et la grammaire. Vos apprenants y trouveront aussi une page de phonétique ainsi qu'une page d'autoévaluation pour faire le point sur ses compétences linguistiques et culturelles. La préparation au DELF B1 permet aux apprenants de prendre connaissance de la structure des examens (type d'épreuve, déroulement, compétences et connaissances demandés) avec des activités d'entraînement aux différentes épreuves (compréhension de l'oral, compréhension des écrits, production écrite et production orale).

Renvoi vers le *Cahier d'exercices*

Un système de renvoi vous permet de retrouver facilement les exercices correspondants dans le *Cahier d'exercices*. Dans le guide, nous vous proposons aussi des suggestions pour intégrer le *Cahier d'exercices* dans votre séquence didactique.

Retrouvez sur **espacevirtuel.emdl** un grand nombre de ressources complémentaires pour compléter le parcours d'apprentissage

- **Les vidéos :** en lien avec la thématique et accompagnées de fiches d'exploitations pédagogiques
- **Un défi numérique :** Il s'agit d'une tâche indépendante qui reprend les objectifs pédagogiques de l'ensemble de l'unité et qui met à profit les habitudes numériques des apprenants.
- **Les évaluations :** une série d'examens clé en main et par compétence
- **Les tâches numériques complémentaires**

Nous espérons avoir relevé notre **Défi** et que les pages qui suivent vous seront utiles.

Des racines et des ailes

01

DOSSIER 01 Avant

Des temps du passé et l'accord des participes passés, l'expression des sentiments ← OBJECTIF LINGUISTIQUE

OBJECTIF COMMUNICATIONNEL → **pour remonter dans le temps jusqu'aux racines**

de parcours de migrants ← OBJECTIF CULTUREL ET SOCIÉTAL

OBJECTIF ACTIONNEL → **et de son propre parcours familial et / ou personnel**

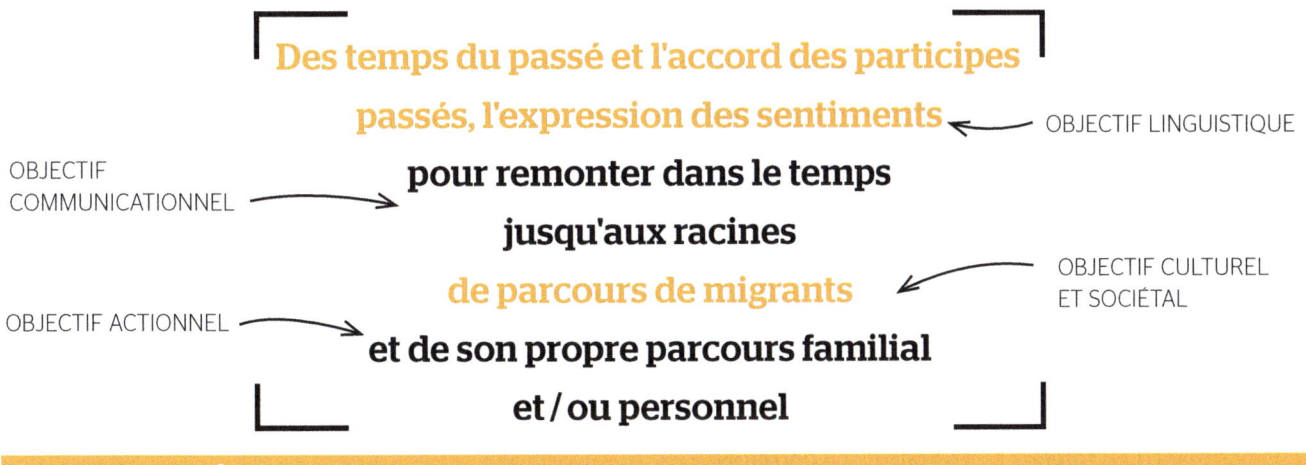

DOSSIER 01 | DÉCOUVRIR | P. 16-17

Avant de lire

1. **Avez-vous bonne mémoire ? Échangez en classe.**

Objectif Prendre conscience de ses propres comportements pour mieux entrer dans la thématique du texte : se souvenir.

Démarche Laissez vos apprenants réagir spontanément, mais demandez-leur d'illustrer leurs affirmations par des exemples précis.

2. **Observez l'infographie. À votre avis, qu'est-ce qu'elle explique ? SL1**

Objectif Exploiter le paratexte (schéma, légendes, titres et chapô) pour faire des hypothèses sur le sujet précis de l'article.

Démarche Faites travailler par deux, en exigeant des références précises au document, puis procédez à une mise en commun.

CORRIGÉS

2. La manière dont notre cerveau garde en mémoire les souvenirs. Notre cerveau utilise nos différents sens pour reconstituer un souvenir.

Lire, comprendre et réagir

3. **Lisez l'article. Puis, à deux, résumez-le.**

Objectif Se construire une représentation mentale de l'information textuelle, réduite à l'essentiel (sans détails).

Démarche L'activité est assez difficile. Vous pouvez éventuellement la rendre plus facile en confiant le résumé de chaque paragraphe à un groupe d'apprenants, ce qui mettra en évidence la structure du texte. Une autre façon de faire serait de trouver une phrase de résumé de chaque paragraphe ou des intertitres, ce qui entraînerait un travail potentiellement intéressant sur la nominalisation.

CORRIGÉS

3. Cet article explique la manière dont nous fabriquons nos souvenirs et comment ils s'activent.

4. **Que savez-vous sur Marcel Proust ? Échangez en classe, puis lisez l'encadré *Ah bon ?!* SL6**

Objectif Mobiliser/acquérir des connaissances relatives à l'auteur mentionné dans le texte, célèbre notamment pour l'épisode de la madeleine.

Démarche Laissez vos apprenants exposer leurs éventuelles connaissances, puis renvoyez-les au *Ah bon ?!* et demandez-leur de faire d'éventuelles recherches complémentaires (à moins que vous

UNITÉ 1 — DES RACINES ET DES AILES

n'expliquiez vous-même qui était Marcel Proust et en quoi consiste l'épisode de la madeleine). C'est peut-être l'occasion de lire le passage et/ou d'apporter une madeleine (de façon à ce que le dessin de l'infographie devienne plus parlant).

5. Êtes-vous d'accord avec la dernière réponse du docteur Grise? Échangez en classe.

Objectif S'approprier une information textuelle en y réagissant intellectuellement.

Démarche Faites d'abord reformuler les deux arguments du docteur, Grise puis laissez échanger vos apprenants.

> **CORRIGÉS**
>
> **5.** *Réponses possibles*
> Je ne suis pas d'accord, car se souvenir c'est vivre dans le passé et non pas dans le moment présent. – Je suis d'accord, car se souvenir permet de faire revivre des moments ou des personnes oubliés.

6. Est-ce que vous aimez parler de vos souvenirs? De quels souvenirs? Avec qui?

Objectif S'approprier une information textuelle en y réagissant affectivement.

Démarche Laissez d'abord un moment de réflexion à vos apprenants pour qu'ils prennent conscience de leurs comportements, puis faites-les échanger.

→ **CAHIER D'EXERCICES**
- **En classe ou en autonomie**: Plusieurs exercices portent sur la thématique des cinq sens et du souvenir, faites faire les exercices 1, 2, 3, 4, 5, 6 et 7 pages 6 et 7.

Écouter, comprendre et réagir

7. Écoutez les témoignages de trois personnes sur leur madeleine de Proust. Puis, complétez le tableau. SE

Objectif Repérer des informations précises dans trois témoignages.

Démarche Passez une première fois l'audio et laissez vos apprenants prendre des notes individuellement. Corrigez en groupe classe.

> **CORRIGÉS**
>
> **7.**
>
> | | Mathilde | Tihomir | Saïd |
> |---|---|---|---|
> | Déclencheur | Quand elle entend la chanson *Hélène* à la radio. | Quand il sent le parfum des roses. | Quand il mange des oranges. |
> | Souvenir | Son premier slow avec un garçon. | Quand il allait chez sa grand-mère le week-end. | Les souvenirs heureux de son enfance en Algérie. |

8. Réécoutez le document. Quel sens évoquent les personnes dans leur témoignage?

Objectif Repérer des informations précises dans trois témoignages.

Démarche Procédez de la même façon que pour l'activité 7.

> **CORRIGÉS**
>
> **8.** Mathilde : l'ouïe – **Tihomir** : l'odorat – **Saïd** : le goût

9. Quelles sont vos madeleines de Proust? Échangez en classe.

Objectif S'approprier une information en se l'appliquant à soi-même.

Démarche Laissez d'abord un moment de réflexion à vos apprenants pour qu'ils prennent conscience du fonctionnement de leur propre mémoire, puis faites-les échanger : quel est le sens le plus souvent évoqué par la classe? Quelle est l'expérience la plus étonnante?

Regarder, comprendre et réagir

10. Regardez cette vidéo. De quel type de document s'agit-il? SE

Objectif Reconnaître un type de texte.

Démarche Annoncez la question, puis passez la vidéo. Laissez réagir vos apprenants.

DES RACINES ET DES AILES UNITÉ 1

CORRIGÉS
10. Il s'agit d'un reportage.

11. Pourquoi la femme interrogée dit-elle que la glace est sa madeleine de Proust?

Objectif Repérer une information précise dans un témoignage.

Démarche Cette fois, laissez chacun se concentrer pour repérer le moment du passage de l'information attendue, puis corrigez tous ensemble.

CORRIGÉS
11. Elle est italienne et lorsqu'elle mange une glace, elle se souvient de son enfance passée en Italie avec sa famille.

12. Que s'est-il passé en 1999 et en 2007?

Objectif Repérer des informations précises dans un témoignage.

Démarche Repassez une dernière fois la vidéo et laissez travailler individuellement.

CORRIGÉS
12. En 1999, elle est arrivée à Marseille et en 2007, après avoir été licenciée, elle a décidé d'ouvrir un glacier où elle fabrique ses glaces. (De 1999 à 2007, elle a cherché partout un lieu où elle pourrait retrouver le goût de la glace de son enfance, mais comme elle ne l'a pas trouvé, elle a décidé en 2007 de créer sa propre entreprise de glace.)

Retrouvez la vidéo et les activités sur espacevirtuel.emdl.fr

Mon panier de lexique

 Quels mots pour parler des souvenirs voulez-vous retenir? Écrivez-les.

Objectif Constituer un premier « trésor » de mots relatifs aux souvenirs, lequel sera étendu en cours de leçon, pour déboucher sur une synthèse personnelle en fin d'unité.

Démarche Le lexique visé a déjà donné lieu à pas mal de manipulations pour répondre aux questions de lecture. Laissez donc vos apprenants faire spontanément une première récolte, en se fondant sur leur mémoire immédiate. Ensuite, renvoyez-les encore une fois au texte, pour en extraire systématiquement toutes les pépites lexicales utiles à leurs yeux. Vous pouvez faire comparer les contenus des paniers, mais à chacun de décider de quoi il a besoin, même s'il vous est loisible de circonscrire un « trésor » obligatoire commun. Libre à vous aussi d'amplifier le lexique commun en l'étendant à diverses catégories grammaticales: reconstituer/reconstitution, créer/création, stocker/stockage, recevoir/récepteur, etc. Et à des champs lexicaux connexes (par exemple celui des sens).

Vous pouvez également renvoyer vos apprenants sur espacevirtuel.emdl.fr où ils auront la possibilité de constituer un nuage de mots via https://wordart.com.

DOSSIER 01 | CONSTRUIRE ET (INTER)AGIR | P. 18-19

Avant de lire

1. Observez le blog sans le lire. De quoi parle-t-il? SL1

Objectif Faire des hypothèses sur le contenu d'un document à partir des indices les plus visuels de son paratexte (photos, mots mis en évidence par les couleurs).

Démarche Incitez vos apprenants à observer uniquement les illustrations ou les mots les plus évidents du document de la page 18, et demandez-leur de trouver des informations sur le sujet, voire sur l'objectif. Demandez-leur de souligner les indices pertinents.

CORRIGÉS
1. *Réponse possible*
Des origines des personnes qui sont nées ou ont migré dans un autre pays.

2. Quelles sont les raisons pour quitter son pays ou sa région? Échangez en classe. SL2

Objectif Mobiliser les connaissances/les sentiments nécessaires à la compréhension et à l'assimilation des données textuelles relatives au thème concerné.

Démarche Laissez vos apprenants réagir spontanément, sans porter aucune appréciation positive ou négative de votre part.

CORRIGÉS
2. *Réponses possibles*
La recherche d'un travail – la guerre – de meilleures conditions de vie – des conditions climatiques difficiles – des raison familiales.

UNITÉ 1 — DES RACINES ET DES AILES

Lire, comprendre et réagir

3. Lisez l'introduction et confirmez vos hypothèses de l'activité 1. SL6

Objectif Vérifier ou corriger, par la lecture, les hypothèses faites dans l'activité 1.

Démarche Faites repérer, dans le haut du document (introduction ou chapô), les indices textuels qui confirment (ou infirment) les hypothèses formulées à partir du paratexte (mots-clés : *mes élèves et moi, dis-moi d'où tu viens, parcours migratoire de*, etc.).
Incitez à aller plus loin et à détecter, par exemple, les auteurs du blog et l'objectif poursuivi.

CORRIGÉS

3. Ce document est un projet pédagogique mené par des élèves dans lequel ils expliquent le parcours migratoire de leurs parents ou grands-parents.

4. Lisez le blog. Quelles sont les raisons du départ d'Alpha et de Baya?

Objectif Repérer une information précise dans une totalité textuelle.

Démarche Vous pouvez éventuellement confier chaque texte à la moitié de la classe et faire confronter les réponses dans chaque groupe, avant de mettre en commun et de comparer les raisons de l'immigration des deux personnages.
Faites ensuite comparer ces raisons avec celles émises lors de l'échange de l'activité 2.

CORRIGÉS

4. • **Alpha** : pour deux raisons, par amour car il voulait rejoindre une femme, et pour des raisons professionnelles.
• **Baya** : elle a dû fuir la guerre.

5. Quelle histoire vous touche le plus? Pourquoi?

Objectif S'approprier une information textuelle en y réagissant affectivement.

Démarche Vous pouvez poursuivre la compréhension du texte en faisant relever, par exemple, les raisons des difficultés rencontrées par les personnages, et aborder ainsi un autre aspect de l'immigration. Puis, leur rapport avec le pays qu'ils ont quitté.
Lequel des deux parcours migratoires leur semble dès lors avoir été le plus facile, ça se discute !
Laissez vos apprenants s'exprimer librement, mais demandez les raisons de leur préférence, tout en respectant leur besoin éventuel de discrétion.

6. Dans le témoignage d'Inès, comment comprenez-vous les expressions «pays natal» et «pays d'accueil»?

Objectif Faire des hypothèses sur la signification d'expressions, à partir du contexte, proche ou général.

Démarche Laissez vos apprenants relire le témoignage relatif à Inès et y retrouver les indices de compréhension des deux expressions. Demandez ensuite quel est le pays natal (ou d'origine) des deux personnes, et quel est leur pays d'accueil?

CORRIGÉS

6. **Pays natal** : c'est mon pays d'origine, le pays où je suis né/e.
Pays d'accueil : c'est le pays qui m'a accueilli/e, le pays où j'ai migré suite à des difficultés dans mon pays.

7. À votre avis, pourquoi le sujet de l'immigration est-il important en France? Lisez l'encadré *Ah bon?!* pour vérifier vos réponses.

Objectif Mobiliser ses connaissances à propos du sujet d'un document et les confronter avec un texte.

Démarche Avant de leur faire lire le *Ah bon?!*, demandez à vos apprenants ce qu'ils savent sur le sujet. Renvoyez-les ensuite au *Ah bon?!*, et faites éventuellement poursuivre par des recherches sur Internet.

CORRIGÉS

7. *Réponse possible*
Car il y a de plus en plus de personnes qui immigrent en France.

8. Est-ce qu'un projet similaire vous semble intéressant pour les collégiens de votre pays?

Objectif S'approprier le contenu d'une lecture en l'appliquant à son propre contexte culturel.

Démarche Cette question sous-entend que vos apprenants connaissent et expliquent l'immigration dans leur propre pays. Il serait donc peut-être judicieux de les regrouper par nationalités, si votre classe est hétérogène, pour échanger et, éventuellement faire des recherches. Laissez-leur le temps nécessaire, puis procédez à une mise en commun.

DES RACINES ET DES AILES   UNITÉ 1

Travailler la langue

9. Relevez dans le blog les mots ou expressions pour parler des sentiments d'Alpha et de Baya. À deux, complétez l'encadré. Puis, comparez vos réponses avec celles de vos camarades.

Objectif Se remémorer un lexique antérieur des émotions et des sentiments et l'amplifier.

Démarche Laissez chacun relire les textes et souligner le lexique visé, puis récoltez la moisson en classifiant les termes au tableau, en trois colonnes.
Vous pouvez amplifier l'acquisition lexicale en demandant (et donnant, si nécessaire) les verbes et substantifs correspondant aux adjectifs des textes (exemples : *enthousiaste, enthousiasmer, l'enthousiasme*, etc.).

CORRIGÉS ENCADRÉ DE LEXIQUE

9. EXPRIMER DES SENTIMENTS
La peur : il était nerveux – ça l'inquiétait – elle était terrifiée.
La joie : il était enthousiaste – elle est heureuse – il s'est épanoui.
La tristesse / La douleur : les premiers mois ont été durs – elle est nostalgique – elle est triste – raconter ses souvenirs la fait souffrir.

➜ **CAHIER D'EXERCICES**
- **En classe ou en autonomie** : Pour travailler l'expression des sentiments, renvoyez vos apprenants aux exercices 10 et 11 page 8.

10. Lisez les phrases suivantes. Pourquoi y a-t-il deux temps différents ? Qu'expriment-ils ?

Objectif Se souvenir de la valeur de l'imparfait et de celle du passé composé et comprendre la signification de leur alternance.

Démarche Laissez d'abord vos apprenants discuter entre eux, puis rendez la discussion générale et définissez l'essentiel.
Vous pouvez ensuite faire lire les points du tableau de l'activité 11, et voyez ensemble si ces explications correspondent aux perceptions énoncées.
Rien ne vous empêche de nuancer selon vos conceptions grammaticales personnelles, et les leurs. Vous développerez l'idée de « rupture » dans l'activité suivante.

CORRIGÉS

10. L'imparfait exprime la situation, les circonstances d'un moment dans le passé. Le passé composé permet d'exprimer un changement dans la situation.

---

11. Soulignez les mots qui précèdent le passé composé dans les phrases précédentes. Puis, complétez le tableau.

Objectif Sensibiliser à la possibilité d'une opposition forte entre la « continuité » exprimée par l'imparfait (ni début ni fin d'action : aspect continu) et « l'accomplissement » exprimé par le passé composé (début et fin d'action : aspect accompli) grâce à un indicateur temporel (*quand, lorsque, soudain*).

Démarche Faites repérer d'autres emplois de l'imparfait et du passé composé dans les textes, de même que d'autres indicateurs temporels, et faites expliquer le ressenti, éventuellement en mimant ou en faisant imaginer une scène de film.

CORRIGÉS TABLEAU DE GRAMMAIRE

11. L'IMPARFAIT ET LE PASSÉ COMPOSÉ
La vie y était agréable lorsque la guerre a éclaté en 1954 – Il montait vers l'église et, soudain, il a fait un malaise. – Elle ne savait ni lire ni écrire, alors elle a appris – Il cherchait depuis six mois quand un ami lui a proposé un boulot.
- L'imparfait décrit une situation en cours, des sentiments, un contexte dans le passé.
  Ex. : *Il montait vers l'église.*
- Le passé composé fait avancer le récit au passé. Il introduit un changement ou une rupture dans la situation. Souvent cette rupture est introduite par **lorsque, soudain, alors, quand**.
  Ex. : *alors elle a appris.*

➜ **CAHIER D'EXERCICES**
- **En autonomie** : Pour renforcer le travail sur l'opposition imparfait/passé composé, renvoyez vos apprenants aux exercices 8 et 9 pages 7 et 8.

12. Est-ce que cela fonctionne de la même manière dans votre langue ? Ou dans les langues que vous connaissez ?

Objectif Faire prendre conscience des moyens linguistiques propres au français, par opposition (ou similitude) avec d'autres langues.

Démarche Laissez vos apprenants réfléchir tranquillement à la façon dont ils exprimeraient les phrases relevées dans leur propre langue (ou dans d'autres langues connues) : pareil ? Différent ? En quoi ? Pourquoi ?

UNITÉ 1   DES RACINES ET DES AILES

Écouter, comprendre et réagir

13. Écoutez le professeur qui présente le projet à la médiathèque du quartier de l'école. À deux, rassemblez le plus d'informations possible sur les éléments suivants, puis comparez vos réponses. SE

Objectif Repérer un grand nombre d'informations (voire toutes), c'est-à-dire se créer une représentation mentale complète d'un « texte ».

Démarche Ne passez d'abord qu'une fois l'audio, et laissez chacun prendre les notes qu'il veut. Ensuite faites rassembler les bribes de compréhension par deux : l'union fait-elle la force ? Rassemblez ensuite les compréhensions de tous les binômes : arrive-t-on à une compréhension totale ou faut-il une deuxième écoute ?

> **CORRIGÉS**
>
> **13. Les raisons :** les migrations sont au programme du collège.
> **La naissance du projet :** après avoir regardé un documentaire où une personne raconte le parcours d'un membre de sa famille pour arriver en France.
> **L'histoire d'Hi Lane :** ses parents se sont rencontrés à Madagascar, car son père était militaire là-bas. Ils ont beaucoup déménagé à cause du travail et ils ont fini par s'installer en France.
> **L'histoire de Valentin :** le projet lui a permis d'en apprendre plus sur sa famille et ses origines, car certains membres de sa famille n'ont jamais voulu en parler. Son grand-père est venu en France pour le travail et il est ensuite retourné chercher sa femme en Algérie.

14. Est-ce qu'un membre de votre famille vous a raconté ses souvenirs ? Lesquels ?

Objectif S'approprier l'information textuelle en l'appliquant à sa propre vie.

Démarche Laissez réagir spontanément en incitant à quelques détails, tout en restant discret.

Produire et interagir

15. En petits groupes, racontez un souvenir d'un moment triste, heureux, terrifiant ou nostalgique, à l'aide de l'activité 9.

Objectif Mobiliser l'alternance imparfait/passé composé et le lexique des sentiments pour évoquer des souvenirs personnels (thème du dossier).

Démarche Laissez d'abord vos apprenants réfléchir et se remémorer/se raconter mentalement un souvenir (vous pouvez étendre la liste à d'autres types de souvenirs, mais insistez pour qu'ils soient personnels). Puis, faites échanger, en incitant à poser aussi des questions complémentaires.

16. À deux, imaginez une situation où il y a une rupture. Mimez-la devant la classe. Vos camarades devinent.

Objectif Mobiliser l'introduction d'un passé composé dans un contexte à l'imparfait pour relater un événement.

Démarche Laissez d'abord réfléchir individuellement, puis échanger par deux pour trouver la situation demandée et préparer sa représentation par mime. Faites ensuite jouer chaque binôme et incitez les « spectateurs » à exprimer leur compréhension de la scène.

17. À deux, rédigez le parcours de Gaël Faye, chanteur et écrivain, à l'aide des illustrations. Puis, faites des recherches pour compléter son histoire.

Objectif Mobiliser l'alternance imparfait/passé composé pour raconter la biographie d'un personnage connu.

Démarche Avant de faire l'activité, donnez tout de même quelques informations sur Gaël Faye et/ou demandez à vos apprenants ce qu'ils en savent. Puis, laissez-les se débrouiller avec l'interprétation du schéma, largement incomplet ou sibyllin, ce qui vous poussera à leur faire faire des recherches complémentaires. Faites ensuite échanger de façon à mettre les informations en commun et à déboucher sur une biographie très complète.

> **CORRIGÉS**
>
> **17.** *Réponses possibles*
> Gaël Faye est né en 1982 à Bujumbura au Burundi d'une mère rwandaise et d'un père français. À l'âge de 13 ans, à cause de la guerre et du génocide des Tutsi, il a fui son pays natal pour aller en France. Il a passé son adolescence dans les Yvelines à Versailles et a découvert le rap et le hip-hop. Il a obtenu un master en finance et a travaillé à Londres pendant deux ans. En 2013, il a quitté Londres pour se lancer dans la musique et l'écriture et en 2015, il a décidé de s'installer au Rwanda avec sa famille. En 2016, il a publié son premier roman *Petit Pays* qui a remporté de nombreux prix.

18. Sur une carte, à tour de rôle, marquez les lieux d'origine de vos grands-parents. Vos camarades vous interrogent sur leur histoire. Y a-t-il des points communs ?

Objectif Mobiliser l'alternance passé composé/imparfait pour évoquer un parcours de vie familial.

Démarche Vous pouvez annoncer cet exercice pour le cours suivant, de façon à permettre le recueil d'informations à la maison. Ensuite, une fois en classe, demandez à chacun d'inscrire sur une grande carte commune les lieux d'origine des grands-parents, puis laissez les questions surgir spontanément. Si les réactions sont trop timides, procédez à un tour de classe systématique.

DES RACINES ET DES AILES | UNITÉ 1

DOSSIER 01 | CONSTRUIRE ET CRÉER | P. 20-21

Avant de lire

1. Qu'est-ce que la généalogie ? Faites des recherches si nécessaire. SL3

   Objectif Mobiliser ses connaissances pour mieux appréhender le sens du texte qui suit.

   Démarche Laissez vos apprenants faire d'abord des hypothèses sur le sens du mot. Ensuite, faites chercher/vérifier dans le dictionnaire, puis laissez surgir toutes les réactions.

   > **CORRIGÉS**
   >
   > 1. C'est la science des filiations des familles.

2. À votre avis, pourquoi utilise-t-on un arbre pour représenter sa généalogie ? Est-ce similaire dans votre culture ? SL2

   Objectif Mobiliser ses connaissances pour mieux appréhender le sens (et l'illustration) du texte qui suit.

   Démarche Laissez vos apprenants s'exprimer librement.

   > **CORRIGÉS**
   >
   > 2. *Réponses possibles*
   > car au bas du tronc il y a la personne principale (la personne qui fait son arbre généalogique) et toutes les branches de l'arbre permettent de la relier à ses ancêtres.

Lire, comprendre et réagir

3. Lisez l'article. Pourquoi le journaliste affirme-t-il que le monde est tout petit ?

   Objectif Repérer une information précise dans un texte et l'interpréter.

   Démarche Faites d'abord repérer cette affirmation dans le texte (tout début du chapeau) et en dégager l'importance (c'est la thèse de l'article). Puis demandez de la justifier (autrement dit d'interpréter la totalité du texte) en utilisant principalement les deux premiers paragraphes (données de 86 millions de personnes dont 13 ont des liens).

   > **CORRIGÉS**
   >
   > 3. Car nous avons tous des parents en commun.

→ **CAHIER D'EXERCICES**
- **En autonomie** : Pour approfondir sur la thématique de la généalogie renvoyez vos apprenants à l'exercice 14 page 9.

4. À deux, écrivez un titre pour chaque paragraphe.

   Objectif Se faire une représentation mentale totale, mais réduite à l'essentiel, de la totalité informationnelle du texte.

   Démarche Laissez vos apprenants relire tranquillement le texte et, à deux, proposer des titres pour chaque paragraphe. Ensuite, faites une mise en commun, de façon à aboutir à un plan (que vous écrirez au tableau) qui leur convienne à tous.

   > **CORRIGÉS**
   >
   > 4. Paragraphe 1 : Collecte de données – Paragraphe 2 : Parents en commun – Paragraphe 3 : Analyses des tendances – Paragraphe 4 : Les jeunes et la généalogie – Paragraphe 5 : À la découverte de vos ancêtres.

5. Selon vous, pourquoi les Nords-Américains rencontrent-ils leurs conjoints plus loin qu'avant ?

   Objectif Repérer une information précise dans un texte et l'interpréter.

   Démarche Faites d'abord repérer cette affirmation dans le texte (fin du troisième paragraphe). Puis demandez d'expliquer le pourquoi, selon eux.

   > **CORRIGÉS**
   >
   > 5. *Réponse possible*
   > Car ils ont tendance à bouger pour leur travail ou leurs études loin de leur ville natale parce que les propositions d'études ou de travail sont meilleures.

6. Aimeriez-vous savoir si votre famille apparaît dans cet arbre généalogique ?

   Objectif S'approprier une information textuelle en se l'appliquant à soi-même.

   Démarche Laissez vos apprenants réagir spontanément, mais demandez-leur la raison de leurs réactions.

13

UNITÉ 1 — DES RACINES ET DES AILES

7. Avez-vous déjà fait des recherches généalogiques ? Si non, l'article vous donne-t-il envie d'en faire ? Pourquoi ?

Objectif S'approprier une information textuelle en se l'appliquant à soi-même.

Démarche Laissez vos apprenants réagir spontanément, mais demandez-leur la raison de leurs réactions.

Travailler la langue

8. Relevez dans l'article les verbes au passé composé et observez les participes passés. Que remarquez-vous ? Complétez le tableau.

Objectif Observer les modifications en genre et en nombre des participes passés employés avec *avoir* et en déduire les règles d'accord.

Démarche À deux, faites souligner tous les participes passés du texte et entourer leur terminaison, puis incitez à compléter le tableau, c'est-à-dire à formuler les règles.

> **CORRIGÉS TABLEAU DE GRAMMAIRE**
>
> **8.** L'ACCORD DU PARTICIPE PASSÉ AVEC *AVOIR*
> Des chercheurs **ont téléchargé** – ils les **ont trouvées** – des informations qu'ils **ont collectées** – les chercheurs les **ont analysées** – l'arbre qu'ils **ont créé** – ils **ont reliés** certains résultats que les chercheurs **ont trouvés** – il y **a eu** – le profil des gens **a changé** – les jeunes actifs **se sont mis**
>
> Avec l'auxiliaire **avoir**, le participe passé ne s'accorde pas avec le sujet, mais il s'accorde avec le COD quand celui-ci est placé **avant** le verbe.
> • Le COD peut être un pronom personnel **me, te, nous, vous, le, la, les**.
> Ex. : *Les chercheurs les ont analysées.*
> • Le COD peut être le pronom relatif **que**.
> Ex. : *Certains résultats que les chercheurs ont trouvés.*

→ CAHIER D'EXERCICES

- **En autonomie** : Renvoyez vos apprenants à l'exercice 12 page 8.
- **En classe** : Vous pouvez demander à vos apprenants de faire l'exercice 13 page 8 comme devoir à la maison et vous faites une correction en groupe classe.

Écouter, comprendre et réagir

9. Écoutez la chronique d'Europe 1 sur la généalogie. Quelle place occupe-t-elle pour les Français ? SE

Objectif Repérer une information précise dans une chronique.

Démarche Faites d'abord écouter une première fois la chronique, sans objectif précis, et faites préciser par vos apprenants à quel type d'oral ils ont affaire (média, interventions diverses, etc.). Puis, repassez l'audio une deuxième fois pour qu'ils répondent à la question posée.

> **CORRIGÉS**
>
> **9.** C'est le troisième loisir des Français.

10. Qu'est-ce qui a favorisé les recherches généalogiques ?

Objectif Repérer une information précise dans une chronique.

Démarche Repassez une nouvelle fois l'audio pour répondre à cette deuxième question.

> **CORRIGÉS**
>
> **10.** Les sites Internet et la numérisation des archives.

11. Le journaliste affirme que la généalogie est un jeu de pistes très addictif. Réécoutez Dylan et la généalogiste. Que disent-ils à ce sujet ? Reformulez avec vos propres mots.

Objectif Repérer plusieurs informations précises dans une chronique, de façon à mettre en évidence les convictions des différents intervenants.

Démarche Repassez une dernière fois l'audio.

> **CORRIGÉS**
>
> **11.** *Réponse possible*
> Car une nouvelle découverte sur sa famille donne un indice pour poursuivre encore un peu plus les recherches.

12. Est-ce que la généalogie est un loisir populaire dans votre pays ?

Objectif S'approprier une information textuelle en l'appliquant à sa propre culture (et pas nécessairement à soi-même), et mettre en évidence des similitudes ou des différences culturelles.

Démarche Laissez les réactions s'exprimer librement.

DES RACINES ET DES AILES — UNITÉ 1

Produire et interagir

13. Cherchez sur Internet le poème *Le Message* de Jacques Prévert. Lisez-le à voix haute. Est-ce que certains accords du participe passé s'entendent?

Objectif Percevoir à l'audition les accords des participes passés.

Démarche Laissez d'abord lire le poème individuellement, puis réagir (suite de phrases nominales qui peuvent désarçonner) et faites interpréter : comment comprennent-ils le sens général de ce texte?
Ensuite seulement, passez du sens à la grammaire de l'oral : lisez vous-même le texte et demandez qu'ils repèrent et soulignent les accords audibles. Corrigez ensemble.
Profitez-en pour signaler que de plus en plus de Français, et non des moindres, ne font plus l'accord à l'oral.

CORRIGÉS

13. Oui.
Les participes passés qui se terminent par -**t** s'écrivent -**te** au féminin. On prononce donc le **t**, ce qui le différencie à l'oral du participe passé masculin.

---

14. Pensez à des souvenirs familiaux et écrivez votre poème. Lisez-le à la classe si vous le souhaitez.

Objectif Sur le modèle du poème de Prévert, rédiger une « chronique » familiale sous forme d'une succession de phrases nominales comprenant des relatives au passé.

Démarche Laissez le temps de la remémoration et de l'écriture et, surtout, recevez en toute empathie les productions de chacun. Ne corrigez la grammaire que dans un second temps, le sens restant prioritaire. Faites lire ceux qui le souhaitent.

15. À deux, partagez vos souvenirs en vous posant des questions. Utilisez les verbes en étiquettes et les mots proposés.

Objectif Utiliser les temps du passé (et les étiquettes) pour partager des souvenirs.

Démarche Laissez vos apprenants travailler d'abord par deux, puis, demandez que chacun rapporte les actions de son partenaire. Vous pouvez suggérer d'autres thèmes de questions ou laisser vos apprenants en trouver.

DÉFI #01
CRÉER UNE VIDÉO SUR UN SOUVENIR D'UN/E CAMARADE.

Objectif Comme tous les défis du dossier 1, ce premier défi mobilise toutes les ressources linguistiques installées dans les pages précédentes, comme l'alternance de l'imparfait et du passé composé et l'accord des participes passés, de même que le lexique des sens et des émotions. L'objectif actionnel, quant à lui, rejoint la thématique du dossier, à savoir les parcours de vie et les souvenirs qu'ils laissent. Il est nécessairement personnel, mais toute personne s'inscrivant dans une culture, il sera aussi plus ou moins teinté de touches culturelles.

Démarche Faites travailler par deux, mais incitez d'abord chacun à se remémorer, individuellement, un souvenir marquant. Que chacun raconte ensuite à l'autre, celui-ci posant des questions pour mieux comprendre.
Individuellement à nouveau, chacun rendra compte du souvenir de son camarade et se filmera quand il se sentira prêt.
Quelle vidéo rassemble le plus de suffrages ? Pourquoi ?

 **DÉFI #01** NUMÉRIQUE
espacevirtuel.emdl.fr

Ce défi existe également en version numérique dans laquelle les élèves peuvent créer une vidéo interactive sur www.edpuzzle.com.
Rendez-vous sur espacevirtuel.emdl.fr

15

UNITÉ 1 — DES RACINES ET DES AILES

DOSSIER 02 Après

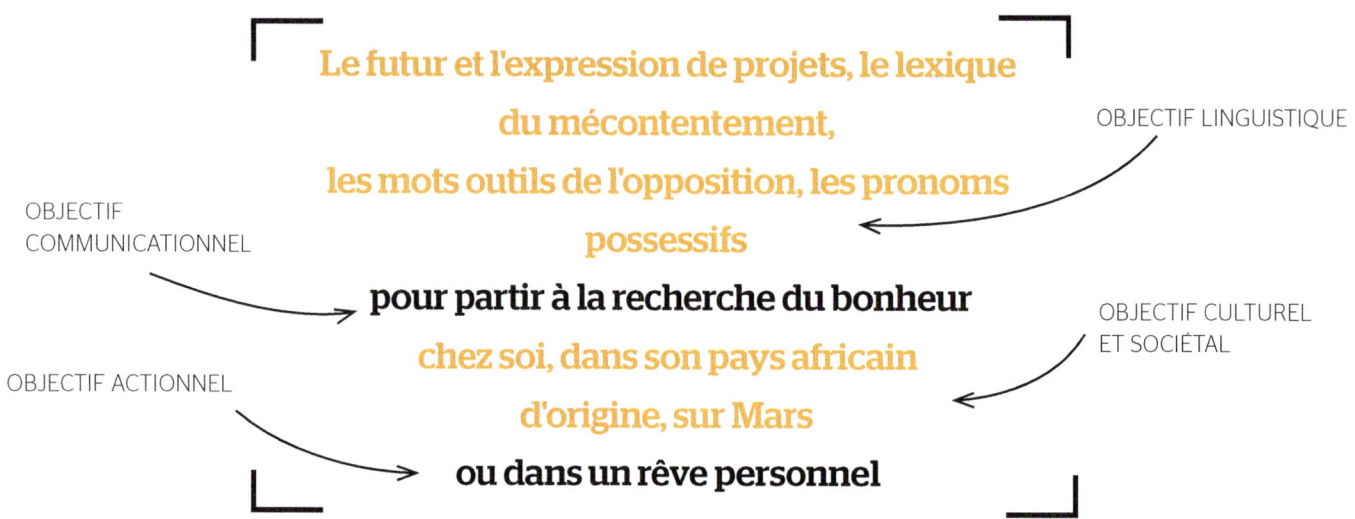

OBJECTIF LINGUISTIQUE : Le futur et l'expression de projets, le lexique du mécontentement, les mots outils de l'opposition, les pronoms possessifs

OBJECTIF COMMUNICATIONNEL / OBJECTIF CULTUREL ET SOCIÉTAL : pour partir à la recherche du bonheur chez soi, dans son pays africain d'origine, sur Mars

OBJECTIF ACTIONNEL : ou dans un rêve personnel

DOSSIER 02 | DÉCOUVRIR | P. 22-23

Avant de lire

1. Qu'est-ce qui vous rend heureux dans la vie ? Répondez spontanément !

Objectif Prendre conscience de ses propres valeurs pour mieux entrer dans la thématique du texte qui suit : la recherche du bonheur.

Démarche Laissez vos apprenants réagir spontanément et ne jugez pas.

Lire, comprendre et réagir

2. Observez la carte du monde et sa légende. Que représente-t-elle ? Que dit-elle de votre pays ?

Objectif Découvrir la thématique du document par la lecture de son paratexte (titre, sous-titre et légende) et l'appliquer à son propre lieu de vie.

Démarche Précisez à vos apprenants qu'ils ne doivent pas lire le texte, mais seulement observer la carte et comprendre l'usage des couleurs, ce qui les entraînera à comprendre le titre.
Demandez-leur leurs réactions par rapport aux données de tous les pays, et plus particulièrement par rapport au leur : sont-ils d'accord ?

CORRIGÉS

2. La carte présente les pays où les gens sont heureux et ceux où les gens le sont moins.

3. Selon vous, comment s'expliquent ces résultats ? Échangez en classe.

Objectif Mobiliser ses propres connaissances pour expliquer les données de la carte.

Démarche Suscitez une discussion générale et notez éventuellement les critères mentionnés au tableau. Ils serviront ensuite pour évaluer les données retirées de la lecture du texte lui-même.

CORRIGÉS

3. Plus les gens ont accès à la santé, la richesse et l'éducation, plus ils sont heureux.

4. Lisez le texte. Que pensez-vous des critères utilisés pour établir la carte du bonheur ? En manque-t-il d'après vous ?

Objectif Repérer une série d'informations dans un texte et y réagir en en évaluant la pertinence.

Démarche Faites lire individuellement et noter systématiquement les critères de bien-être mentionnés dans l'article. Faites une mise en commun, en parallèle avec ce que vous aurez noté dans l'activité 3. Ensuite, faites réagir et compléter.

CORRIGÉS

4. L'âge – la situation familiale – le lieu d'habitation.

16

DES RACINES ET DES AILES   UNITÉ 1

5. En petits groupes, répondez à la première question et posez-vous les six questions des experts. Puis, comparez et commentez vos résultats.

Objectif S'approprier des informations textuelles en se les appliquant à soi-même.

Démarche Demandez à vos apprenants d'évaluer leur propre état de « bonheur » sur l'échelle de 1 à 10, et aussi critère par critère. Ensuite, en petits groupes, laissez-les échanger : la relativité des jugements en ressortira probablement. En fin de discussion, demandez-leur si chacun maintient son évaluation initiale.

6. Lisez les témoignages sur les recettes du bonheur. Quels ingrédients choisiriez-vous ? Pourquoi ?

Objectif Repérer les mots-clés des textes et s'approprier ces informations en se positionnant personnellement.

Démarche Faites d'abord lire les trois petits témoignages et y repérer les critères de bonheur mentionnés, puis faites-les classer par ordre de préférence : de qui chacun se rapproche-t-il/elle le plus ? Pourquoi ? Faites échanger.

7. Écrivez votre recette du bonheur. Comparez-la avec celle de vos camarades.

Objectif S'approprier toutes les idées remuées dans les activités antérieures en les appliquant à son propre cas.

Démarche Sur le modèle des petits témoignages, demandez à vos apprenants d'écrire leur propre recette du bonheur. Faites lire et apprécier.

8. Lisez l'encadré *Ah bon ?!* Est-il important d'avoir une Journée internationale du bonheur, selon vous ?

Objectif S'approprier les idées antérieures en les appliquant non plus à soi-même, mais à autrui en général (objectif culturel au sens le plus humaniste du terme).

Démarche Laissez d'abord lire le *Ah bon ?!*, puis faites échanger à la fois sur la pertinence et sur l'efficacité d'une Journée internationale du bonheur.

Écouter, comprendre et réagir

9. Écoutez cette chronique radio sur le bien-être et la santé. Comment s'appelle la technique de développement personnel ? SE

Objectif Repérer une information précise dans une chronique.

Démarche Passez l'audio une première fois, sans objectif précis et si, à la fin de l'audition, vos apprenants ne peuvent pas donner le nom de la technique, repassez-le.

CORRIGÉS

9. Le tableau de vision ou *vision board*.

10. Quel est l'objectif de cette technique ? Comment se pratique-t-elle ?

Objectif Repérer plusieurs informations précises dans une chronique.

Démarche Repassez l'audio plusieurs fois si nécessaire et rassemblez toutes les bribes de compréhension des uns et des autres pour arriver au meilleur résultat possible.

CORRIGÉS

10. C'est un collage sur un tableau fait à partir de découpage qui permet de noter ses objectifs, ses rêves afin de mieux les visualiser et de les matérialiser.

11. Quelles conditions sont nécessaires pour bien réaliser cette technique ? Relevez-en un maximum, puis comparez vos réponses avec celles d'un/e camarade.

Objectif Repérer plusieurs informations précises dans une chronique.

Démarche Repassez l'audio plusieurs fois si nécessaire et laissez-les rassembler, par deux, toutes leurs bribes de compréhension. Faites une mise en commun.

CORRIGÉS

11. Éteindre son téléphone portable – allumer une bougie – écouter de la musique – être seul/e chez soi.

UNITÉ 1 — DES RACINES ET DES AILES

12. Est-ce que la chronique vous donne envie d'utiliser cette technique de développement personnel ? Pourquoi ?

Objectif Réagir à l'information retirée de la lecture en se l'appliquant à soi-même.

Démarche Laissez vos apprenants s'exprimer librement, en expliquant leur position et ne les jugez pas.

Mon panier de lexique

Quels mots de ces pages voulez-vous retenir ? Écrivez-les.

Objectif Conscientiser l'acquisition spontanée d'un lexique nouveau.

Démarche Laissez le temps à chacun pour se remémorer le lexique utilisé pour la lecture de cette page et le noter. Puis, faites relire et compléter les notes.

Vous pouvez également renvoyer vos apprenants sur espacevirtuel.emdl.fr où ils auront la possibilité de constituer un nuage de mots via https://wordart.com.

DOSSIER 02 | CONSTRUIRE ET (INTER)AGIR | P. 24-25

Avant de lire

1. Observez l'affiche. Faites des hypothèses à partir des quatre photos : qui est cet homme ? À quoi pense-t-il ? **SL1**

Objectif Décrypter l'illustration qui accompagne l'article de façon à anticiper sur la thématique de ce dernier et mobiliser ses connaissances à ce propos.

Démarche Attirez l'attention de vos apprenants sur l'affiche de l'Africa Now Forum sans encore en faire lire le petit texte d'accompagnement et faites décrire le personnage. Ensuite, faites faire des hypothèses sur l'évolution de sa mimique.

2. Qu'est-ce que la diaspora ? Faites des recherches si nécessaire. **SL3**

Objectif Expliquer un des mots-clés de la légende de l'affiche pour cerner la thématique du texte.

Démarche Faites maintenant lire le texte qui accompagne l'affiche pour en extraire les mots-clés et notamment le mot « diaspora » que vous demanderez d'expliquer, voire de le paraphraser et, ainsi, d'expliquer l'illustration. Leurs hypothèses de l'activité 1 se confirment/infirment-elles ?
De quoi parle probablement le texte qu'ils vont lire, selon eux ? Faites confirmer par la lecture du chapô (faites même définir le néologisme « repat », et distinguez-le bien de « rapatrié »).

CORRIGÉS

2. *Réponses possibles*
C'est la dispersion d'une communauté à travers le monde – c'est une population vivant dans un autre pays que son pays d'origine.

Lire, comprendre et réagir

3. Lisez l'article. Quel est le profil des repats ?

Objectif Repérer dans le texte des informations bien précises, les autres restant ignorées.

Démarche Faites lire tranquillement, individuellement, de façon à souligner les informations attendues, puis mettez en commun.

CORRIGÉS

3. Les jeunes d'origine africaine, trentenaires, diplômés, avec une expérience professionnelle.

4. Quelles sont les motivations de Moktar, Akissi et Tita ?

Objectif Repérer dans le texte plusieurs informations bien précises, les autres restant ignorées.

Démarche Demandez que chacun liste les raisons du retour chez eux des trois personnes, puis mettez en commun (voire notez au tableau).

CORRIGÉS

4. Moktar : devenir son propre patron grâce aux aides de son pays d'origine.
Akissa : se rapprocher de sa famille
Tita : changer l'image de son pays et de l'Afrique aux yeux du monde. vivre dans un pays où il fait souvent beau temps.

5. Que pensez-vous de leur motivation ? Échangez en petits groupes.

Objectif Réagir aux informations lues en les jugeant à partir de ses propres critères.

Démarche Une autre façon de susciter d'éventuelles réactions serait de demander quelle(s) raison(s) vos apprenants pourraient choisir, s'ils étaient dans le cas des personnes interrogées.

DES RACINES ET DES AILES UNITÉ 1

6. Y a-t-il des informations qui vous surprennent dans l'article?

Objectif Réagir aux informations lues en les jugeant à partir de ses propres critères.

Démarche Laissez vos apprenants réagir spontanément.

Travailler la langue

7. Repérez les expressions de Moktar, Akissi et Tita pour exprimer leur insatisfaction. Puis, complétez l'encadré.

Objectif Acquérir des moyens d'expression du mécontentement.

Démarche Laissez travailler individuellement dans le texte, puis faites une mise en commun.
Profitez-en pour faire remarquer la construction grammaticale des expressions et indiquez leur degré de familiarité.

CORRIGÉS ENCADRÉ DE LEXIQUE

7. EXPRIMER L'INSATISFACTION
c'est pas mon truc – ça ne me va pas – ce n'est pas suffisant – j'en ai assez de refaire mon titre de séjour – je n'en peux plus du climat – ça ne me plaît pas de vivre ici
• **C'est pas mon truc de** + infinitif
• **J'en ai assez de** + infinitif ou nom
• **Je n'en peux plus de** + infinitif ou nom
• **Ce n'est pas suffisant de** + infinitif
• **Ça ne me plaît pas de** + infinitif

➔ **CAHIER D'EXERCICES**
• **En autonomie**: Pour travailler l'expression de l'insatisfaction, renvoyez vos apprenants à l'exercice 18 page 9.
• **En classe**: Faites faire en petits groupes l'exercice 19 page 10.

8. Comment se traduisent ces expressions dans votre langue?

Objectif Prendre conscience des moyens d'expression correspondants dans sa langue maternelle et évaluer la distance avec le français: traduction mot à mot? Variation? Différence totale?

Démarche Ne faites surtout pas traduire, mais demandez à vos apprenants de résumer, dans leur langue maternelle, les sentiments des personnes interrogées: des expressions leur viendront ainsi spontanément à la bouche, que vous examinerez ensuite ensemble.

9. Relisez l'article. Repérez les verbes ou expressions qui expriment un projet. Puis, complétez le tableau.

Objectif Acquérir le lexique verbal de l'intention, et les constructions grammaticales correspondantes.

Démarche Faites d'abord observer le tableau, puis repérer, dans le texte, les occurrences de chaque expression. Faites travailler individuellement, puis mettez en commun. Vous pouvez éventuellement peaufiner en faisant substituer une expression à une autre, et, dès lors, expliciter les nuances: *j'ai décidé, j'ai envie*, etc. Vous pouvez même faire classer de la simple envie à la décision, en passant par différents stades.

CORRIGÉS TABLEAU DE GRAMMAIRE

9. PARLER DE SES PROJETS
• **Décider de** + infinitif
Ex.: *Ils décident aussi parfois de revenir.*
• **Envisager de** + infinitif
Ex.: *Ce sont surtout les trentenaires diplômés [...] qui envisagent de s'installer [...].*
• **Avoir l'intention de** + infinitif
Ex.: *Tous ont l'intention de profiter des opportunités de business.*
• **Penser à** + infinitif
Ex.: *Je pense à créer une entreprise de fabrication de vêtements.*
• **Avoir envie de** + infinitif
Ex.: *Beaucoup de jeunes ont envie de retrouver leurs racines.*
• **Être prêt/e à** + infinitif
Ex.: *Je suis prête à rentrer au pays.*
• **Vouloir** + infinitif
Ex.: *Ils veulent changer l'image de l'Afrique.*

➔ **CAHIER D'EXERCICES**
• **En autonomie ou en classe**: Faites faire les exercices 15, 16 et 17 page 9.

UNITÉ 1 DES RACINES ET DES AILES

Écouter, comprendre et réagir

10. Écoutez l'interview de deux repatriés sénégalais qui racontent leur expérience. Puis, complétez le tableau. SE

Objectif Repérer des informations précises dans une interview.

Démarche Faites d'abord bien repérer les informations attendues, puis passez l'audio en spécifiant qu'il ne faut pas relever ce qui n'a rien à voir avec l'objectif de l'écoute.

CORRIGÉS

10.

	Hapsatou	Adam
Pays quitté	La Suisse	La France
Raison du départ	– n'aimait pas être loin de son pays d'origine – en avait assez du mauvais temps	– en avait marre de son travail à Paris – n'aimait pas vivre à Paris

11. Qui a rencontré quelles difficultés? Cochez la bonne case.

Objectif Repérer des informations précises dans une interview.

Démarche Avant de repasser l'audio, faites d'abord lire les types de difficultés listées dans la première colonne. Il suffira ensuite de les repérer au passage de la deuxième écoute et de les attribuer à la bonne personne.

CORRIGÉS

11.

	Hapsatou	Adam
Le rythme de travail		X
Les coupures d'électricité		X
La lenteur administrative		X
La langue	X	
L'état civil	X	
Les habitudes culturelles	X	
Se sentir étranger	X	

12. Avez-vous déjà rencontré les mêmes difficultés d'adaptation?

Objectif S'approprier les informations extraites d'une écoute en les appliquant à soi-même.

Démarche Sans pour autant être des repats, vos apprenants ont peut-être déjà éprouvé les mêmes difficultés que ces derniers : lesquelles, où et pourquoi? Laissez-les s'exprimer spontanément et s'interroger entre eux.

Produire et interagir

13. Imaginez que vous n'êtes jamais content/e. À l'aide des mots en étiquettes, faites la liste de vos insatisfactions, puis, échangez en petits groupes. Y a-t-il des points communs?

Objectif Utiliser le lexique du mécontentement pour exprimer ses propres sources d'insatisfaction.

Démarche Laissez vos apprenants travailler individuellement, quitte à ce qu'ils exagèrent leur mauvaise humeur, puis faites échanger. Incitez-les à trouver d'autres étiquettes et à se transformer en gros raleurs !

14. En petits groupes, dites chacun trois projets : deux vrais et un faux. Posez-vous des questions pour découvrir quel projet est faux.

Objectif Utiliser le lexique de l'intention pour jouer.

Démarche Laissez d'abord préparer le jeu, puis faites jouer, chacun à son tour.

15. Rédigez un petit texte sur un de vos projets, à l'aide du tableau de grammaire.

Objectif Utiliser le lexique de l'intention pour se raconter.

Démarche Pour que l'activité ait du sens, incitez à choisir un projet qui tient à cœur. Laissez ensuite un temps de préparation avant l'échange.

16. Vous êtes en B1, quelles sont vos bonnes résolutions pour améliorer votre français cette année?

Objectif Utiliser le lexique de l'intention pour partager ses projets d'apprentissage.

Démarche Laissez vos apprenants réfléchir d'abord, puis faites partager. Insistez pour qu'ils choisissent le lexique qui convient à leur degré de détermination (simple envie, décision), de façon à prouver leur maîtrise des nuances lexicales de ce champ.

Écouter, comprendre et réagir

10. Écoutez le dialogue entre Marc et Samia, puis complétez le tableau pour reconstruire l'expérience. SE

Objectif Repérer une série d'informations éparses dans un dialogue.

Démarche Passez l'audio deux fois si nécessaire, mais laissez travailler individuellement. Corrigez en groupe classe.

CORRIGÉS

10.

	Marc	Samia
Opinion sur le prof	Génial	Nul
Type d'activités en classe	Activités d'archéologie	Traductions et tableaux de grammaire
Opinions sur les activités	Chouette	Une horreur
Utilité de l'apprentissage	La motivation	Une catastrophe

11. « À part Astérix, je n'y connais rien en histoire antique. » Reformulez cette phrase que dit Samia, avec vos mots.

Objectif Inférer le sens d'une expression renvoyant à des références culturelles.

Démarche Discutez tous ensemble du sens de cette phrase.

Produire et interagir

12. Écrivez sur une feuille des phrases pour présenter votre profil de passionné/e. Puis, mélangez les feuilles et redistribuez-les. Posez des questions à vos camarades pour retrouver qui a écrit quoi.

Objectif Utiliser le lexique de l'expression de l'intérêt pour mieux se (faire) connaître.

Démarche Faites d'abord exprimer une passion par chacun, individuellement, par écrit. Demandez éventuellement quelques détails et une justification (*j'adore l'opéra, d'ailleurs j'ai un abonnement, je trouve que c'est un art complet*). Puis, après mélange, faites retrouver les auteurs des billets, grâce à un questionnement.

13. En petits groupes, posez des questions à vos camarades avec la structure donnée en utilisant les thèmes proposés et les prépositions en étiquettes.

Objectif Utiliser les formes du pronom *lequel* pour poser des devinettes.

Démarche Faites d'abord préparer une série de devinettes avec les données fournies, puis laissez échanger et répondre spontanément, tout en vérifiant la correction grammaticale des énoncés.

CORRIGÉS

13. *Réponses possibles*
- Qui connaît un objet avec lequel on peut manger ?
- Qui connaît une application sur laquelle on peut tchatter ?
- Qui connaît un pays contre lequel la France s'est battue ?
- Qui connaît un sport pour lequel il faut une combinaison ?
- Qui connaît une matière scolaire dans laquelle il y a des chiffres ?
- Qui connaît la cuisine à laquelle il fait référence ?

14. Rédigez un texte qui présente des arguments pour apprendre une langue de votre choix.

Objectif Utiliser le relatif *lequel* et ses diverses formes, de même que le lexique de l'expression de l'intérêt, pour rédiger un texte argumentatif relatif au thème de l'apprentissage des langues.

Démarche Laissez vos apprenants travailler individuellement sur un petit texte, puis faites-les lire (voire affichez-les). Quel est le tract le plus convaincant ?

UNITÉ 3 LANGUES VIVANTES

DOSSIER 01 | CONSTRUIRE ET CRÉER | P. 48-49

Avant de lire

1. Qu'est-ce que l'espéranto ? Connaissez-vous des mots ou des expressions ? **SL2**

   Objectif Mobiliser ses connaissances du domaine traité dans le texte à lire.

   Démarche Laissez vos apprenants s'exprimer librement et notez éventuellement au tableau les mots-clés de leurs réponses.
   Vous pouvez, si vous le jugez bon, passer tout de suite à l'activité 3, de façon à confronter leurs données avec celles de la définition de l'encadré.

   > **CORRIGÉS**
   >
   > 1. Une langue construite pour l'international afin que les gens puissent communiquer dans la même langue. (patrino = mère / panjo = maman / saluton = bonjour)

2. Observez le logo qui illustre l'article. Le comprenez-vous ? **SL1**

   Objectif Entrer dans la thématique d'un texte à partir de son paratexte : illustration.

   Démarche Faites remarquer à vos apprenants qu'un logo a pour objectif de présenter un produit quelconque de façon essentielle, en le ramenant à ses caractéristiques fondamentales, et laissez-les trouver dans le cas présent quel « produit » est présenté ?

   > **CORRIGÉS**
   >
   > 2. 105e congrès universel d'espéranto – Montréal 2020
   > *Réponse possible* : le logo représente en vert le Moyen-Orient, en rouge l'Asie, et en bleu l'Occident – il représente les différentes parties du monde.

Lire, comprendre et réagir

3. Lisez l'encadré *Ah bon ?!* Y a-t-il des informations qui vous surprennent ?

   Objectif Confronter ses connaissances avec les informations d'une définition.

   Démarche Faites lire individuellement l'encadré et en souligner les mots-clés. Récoltez et faites comparer avec les mots qui figurent sur votre tableau : quelles sont les informations nouvelles ? Certaines surprennent-elles ? Pourquoi ?

4. Lisez l'article. Avez-vous envie d'aller au congrès mondial d'espéranto ? Pourquoi ?

   Objectif Se faire une représentation de l'essentiel d'un texte et y réagir affectivement.

   Démarche Ne faites lire, individuellement, que le paragraphe introducteur et recueillez les réactions qui peuvent être très personnelles (c'est une occasion d'aller au Québec), mais qui doivent s'appuyer sur les données textuelles.

5. Lisez les commentaires des internautes. Avec qui êtes-vous d'accord ? Pourquoi ?

   Objectif Réagir cognitivement à diverses opinions.

   Démarche Cette fois, faites lire les commentaires, chacun pour soi, y repérer les données essentielles et marquer son accord/désaccord. Recueillez les avis en grand groupe, en exigeant des justifications.

Travailler la langue

6. Repérez dans les commentaires les verbes d'opinion suivis de *que*. Puis, entourez les verbes placés après *que*. Que remarquez-vous ?

   Objectif Observer l'emploi des modes (indicatif/subjonctif) après les verbes d'opinion.

   Démarche Laissez travailler individuellement, puis vérifiez le relevé avec toute la classe. Notez éventuellement au tableau, vous anticiperez ainsi sur la réponse attendue dans l'activité 7.

   > **CORRIGÉS**
   >
   > 6. Je ne trouve pas que ce **soit** (subjonctif) – je ne crois pas que le congrès **soit** (subjonctif) – je trouve que l'espéranto ne **sert** (indicatif) à rien – je crois que les langues **sont** (indicatif) – je ne pense pas que l'esperanto **soit** (subjonctif) – je pense que **c'est** (indicatif) un bon moyen
   > • À la forme négative, les verbes **trouver** / **croire** et **penser** sont suivis du subjonctif.
   > • À la forme affirmative, les verbes **trouver** / **croire** et **penser** sont suivis de l'indicatif.

7. Complétez le tableau à l'aide des commentaires.

   Objectif Acquérir la règle de l'emploi des modes (indicatif/subjonctif) après les verbes d'opinion.

Démarche Utilisez les données de l'activité 6 pour pouvoir arriver à compléter les données de l'encadré de l'activité 7.

CORRIGÉS TABLEAU DE GRAMMAIRE

7. EXPRIMER UNE OPINION
À la forme affirmative, on utilise les verbes d'opinion **trouver, penser, croire** + **que** + phrase à l'indicatif.
Ex. : *Je trouve que l'espéranto ne sert à rien.*
Ex. : *Je crois que les langues autochtones sont plus importantes à apprendre.*
Ex. : *Je pense que c'est un bon moyen de communication égalitaire.*
À la forme négative, on utilise les verbes d'opinion + **que** + phrase au subjonctif.
Ex. : *Je ne trouve pas que ce soit très important.*
Ex. : *Je ne crois pas que le congrès soit une perte de temps.*
Ex. : *Je ne pense pas que l'espéranto soit très utile.*

→ **CAHIER D'EXERCICES**
- **En autonomie** : Les exercices 10, 11, 12 et 13 pages 23 et 24 permettent d'approfondir le travail sur l'expression de l'opinion.

8. Relevez dans les commentaires tous les mots et expressions pour exprimer une opinion, un accord ou un désaccord. Comment se traduisent-ils dans votre langue?

Objectif Acquérir des moyens lexicaux de l'expression de l'accord/désaccord.

Démarche Faites relire les commentaires encore une fois pour y découvrir des moyens autres que les verbes d'opinion (expressions : *n'importe quoi* ; phrases : *je suis de ton avis, je suis pour/contre* ; etc.)

Écouter, comprendre et réagir

9. Écoutez cette conversation entre Hawa et Baptiste, puis, cochez les éléments discutés par les deux amis. **SE**

Objectif Reconnaître diverses informations éparses dans une conversation.

Démarche Essayez de ne passer l'audio qu'une seule fois, mais faites bien repérer préalablement les divers thèmes à reconnaître. Faites une correction commune, et, au besoin, proposez une deuxième écoute.

CORRIGÉS

9. L'utilité de l'espéranto – l'enrichissement intellectuel – le plaisir – le nombre de locuteurs – de nouvelles rencontres – la reconnaissance académique – une passion personnelle.

---

10. Réécoutez la conversation. Sur quel argument les deux amis sont-ils d'accord?

Objectif Repérer une convergence d'opinion dans une conversation.

Démarche Repassez l'audio et, éventuellement, faites interrompre une fois l'accord repéré.

CORRIGÉS

10. Qu'il est important de faire des choses juste pour le plaisir.

Produire et interagir

11. Écrivez sur des Post-it des idées reçues sur des langues que vous connaissez. Collez les Post-it au tableau. Un/e camarade va lire une phrase et réagit.

Objectif Utiliser les divers moyens (lexicaux et grammaticaux) de l'expression de l'opinion pour réagir à des idées reçues.

Démarche Laissez d'abord vos apprenants écrire toutes les idées reçues qui leur viennent à l'esprit (et les afficher ou, à défaut, les rassembler), puis faites réagir chacun, à tour de rôle. Corrigez l'expression si nécessaire.

12. Rédigez un commentaire à l'article.

Objectif Utiliser les divers moyens (lexicaux et grammaticaux) de l'expression de l'opinion pour réagir aux opinions émises dans l'article.

Démarche Limitez la production de façon à ne pas transformer cette activité en véritable tâche et à ne pas exiger un autre article (à moins, évidemment, que vous ne visiez une production complète, mais c'est un peu tôt). Autrement dit, demandez un petit courrier des lecteurs ou un tweet. Laissez chacun travailler individuellement, et reprenez les productions pour les corriger.

13. Trouvez un/e camarade qui n'est pas d'accord avec vous sur chacun de ces sujets et discutez-en.

Objectif Utiliser les divers moyens (lexicaux et grammaticaux) de l'expression de l'opinion pour réagir à l'opinion d'autrui.

Démarche Faites circuler vos apprenants dans la classe et émettre une opinion sur l'un ou plusieurs des sujets proposés. Quand ils trouvent quelqu'un qui ne partage pas leur opinion, ils notent son nom et deux de ses arguments. Faites ensuite une mise en commun.

UNITÉ 3 — LANGUES VIVANTES

DÉFI #01
ORGANISER UN DÉBAT SUR UNE QUESTION LINGUISTIQUE

Objectif L'objectif linguistique du premier défi de l'unité 3 vise la mobilisation des ressources installées dans les pages du dossier 1, à savoir le lexique relatif à l'apprentissage des langues (thème culturel et sociétal de l'unité), les moyens (lexicaux et grammaticaux) de l'expression de l'opinion et de l'intérêt, et le relatif *lequel* et ses diverses formes. Son objectif communicatif est clairement argumentatif puisqu'il propose un débat. Actionnellement, ce défi met l'apprenant en situation de citoyen amené à réfléchir et polémiquer sur les aspects controversés de l'apprentissage des langues dans le monde mais, surtout, dans sa propre société et/ou culture. Pour dynamiser l'échange et le rendre un peu ludique, il engage les participants à endosser l'un des « rôles » classiques de tout débat, pour du même coup, prendre conscience des différentes facettes d'une problématique.

Démarche Commencez par bien expliquer ce qui est attendu par ce défi (reformulez-en les objectifs ci-dessus) et constituer de petits groupes. Faites choisir un sujet et distribuez les « rôles » (en accord ou en opposition avec les caractères des participants) en les tenants secrets.
Laissez ensuite le temps voulu à chacun pour préparer ses arguments, puis faites débattre chaque groupe, devant les autres, qui essayeront de deviner les rôles et noteront les divers arguments exprimés. Confiez la rédaction des tracts attendus (deuxième défi) à des groupes « auditeurs », plutôt qu'aux débatteurs eux-mêmes (vous favoriserez ainsi l'écoute des débats).

DÉFI #01 NUMÉRIQUE
espacevirtuel.emdl.fr

Ce défi existe également en version numérique dans laquelle les élèves peuvent présenter leur tract pour ou contre le thème débattu sur www.canva.com. Rendez-vous sur espacevirtuel.emdl.fr

LANGUES VIVANTES UNITÉ 3

DOSSIER 02 Langues multiples et langue unique

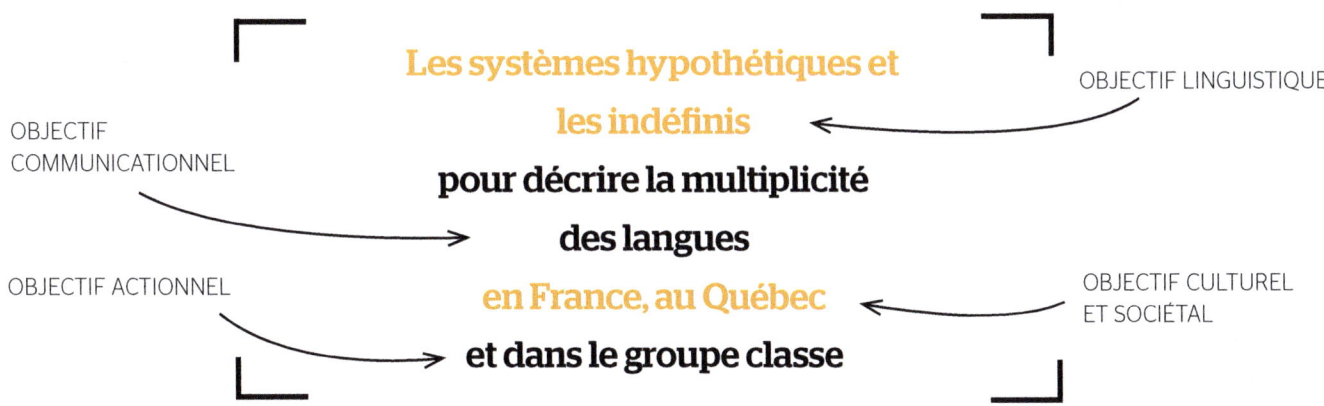

OBJECTIF COMMUNICATIONNEL
OBJECTIF ACTIONNEL
OBJECTIF LINGUISTIQUE
OBJECTIF CULTUREL ET SOCIÉTAL

Les systèmes hypothétiques et les indéfinis
pour décrire la multiplicité des langues
en France, au Québec et dans le groupe classe

DOSSIER 02 | DÉCOUVRIR | P. 50-51

Avant de lire

1. À votre avis, combien de langues parle-t-on en France? **SL 2**

Objectif Mobiliser ses connaissances sur le thème du texte à lire pour mieux le comprendre.

Démarche Récoltez les avis de vos apprenants sans porter aucun jugement, mais faites donner des exemples à l'appui des réponses.

2. Connaissez-vous des langues régionales françaises? **SL 2**

Objectif Mobiliser des connaissances encore plus précises sur le thème du texte à lire pour mieux le comprendre.

Démarche Faites d'abord éclaircir le terme de « langue régionale » et d'ailleurs citer quelques régions de France. Renvoyez ensuite, vos apprenants, à la carte de la page 189 pour compléter les connaissances et, éventuellement, les préciser, les régions n'étant pas les départements, par exemple et le nombre des régions étant passé de 22 à 13 en 2016.

Lire, comprendre et réagir

3. Observez la carte. En petits groupes, échangez sur les informations qu'elle contient. Que remarquez-vous aux frontières françaises?

Objectif Décrypter un schéma (en l'occurrence une carte) en inférant le sens des subdivisions et des couleurs.

Démarche Laissez observer la carte individuellement pendant un bon moment, puis faites échanger les informations que chacun en aura tirées.

> **CORRIGÉS**
>
> **3.** Plusieurs langues régionales sont parlées en France. Aux frontières françaises, on trouve les 6 langues régionales qui se parlent le plus aujourd'hui.

4. Lisez l'encadré *Ah bon?!* À votre avis, pourquoi la France n'applique-t-elle pas la Charte européenne des langues régionales?

Objectif Formuler des hypothèses sur les raisons, non mentionnées par le texte, d'une information, en s'appuyant sur ses propres connaissances ou expériences.

Démarche Laissez vos apprenants s'exprimer librement (et faites faire d'éventuelles recherches).

> **CORRIGÉS**
>
> **4.** *Réponses possibles*
> Car ce ne sont pas des langues parlées par la majorité des Français – par peur que certaines langues régionales prennent le dessus sur le français dans certaines régions.

5. Lisez le texte et complétez votre réponse de l'activité 4. Qu'apprenez-vous de plus sur les langues régionales françaises? Échangez à deux. **SL 8**

Objectif Repérer des informations diverses éparpillées dans le texte.

53

UNITÉ 3 — LANGUES VIVANTES

Démarche À deux, demandez à vos apprenants de ne relever dans le texte que les informations qui concernent les langues régionales et d'en faire une synthèse. Écoutez plusieurs résumés et faites-les apprécier (complétude, organisation).

> **CORRIGÉS**
>
> **5.** La plupart des langues régionales ne se transmettent plus de générations en générations et tendent à disparaître mais on remarque aujourd'hui une nouvelle envie pour les langues régionales car elles sont considérées comme marqueurs d'identité.

6. Observez l'encadré sur le nombre de locuteurs. Trouvez-vous qu'il y en a peu ou beaucoup ? Échangez en classe.

Objectif Apprécier des informations chiffrées.

Démarche Laissez vos apprenants s'exprimer librement et évaluer les différences éventuelles d'appréciation.

> **CORRIGÉS**
>
> **6.** Pour référence, la France (Hexagone) compte environ 67 millions d'habitants. Les locuteurs (langues régionales) représentent moins de 3 %.

7. Existe-t-il des langues régionales dans votre pays ? Sont-elles enseignées à l'école ? En parlez-vous une ? Échangez en classe.

Objectif S'approprier des informations extraites d'une lecture en les transférant à son propre pays/sa propre culture, son propre cas.

Démarche Demandez à vos apprenants de dire ce qu'ils savent du sujet traité par le texte dans leur propre pays, voire de faire des recherches sur le thème ; des cartes illustratives seraient les bienvenues. Si vos apprenants sont de nationalités diverses, demandez une présentation par pays.

8. Pensez-vous que les langues régionales doivent être enseignées à l'école ? Sont-elles importantes ? Échangez en classe.

Objectif S'approprier les informations extraites d'une lecture en y réagissant affectivement et cognitivement.

Démarche Laissez réagir spontanément mais avec justification, et recevez avec précaution car le sujet peut être sensible et les opinions diverses.

Écouter, comprendre et réagir

9. Écoutez les témoignages de deux auditeurs dans une émission de radio sur les langues régionales, et situez leur région sur la carte.

Objectif Repérer deux informations précises dans des témoignages oraux.

Démarche Passez une première fois l'audio et comparez les réponses.

> **CORRIGÉS**
>
> **9.** Provençal (dans le Sud-Est) – breton (dans l'Ouest)

10. Réécoutez les témoignages et dites qui…

Objectif Repérer une série d'informations précises éparses dans des témoignages oraux.

Démarche Faites d'abord bien lire et comprendre les questions (faites souligner les mots-clés dans chacune), puis laissez repérer individuellement. Ensuite, faites une correction commune.

> **CORRIGÉS**
>
> **10.**
>
> | | Marion | Benoît |
> |---|---|---|
> | à un père qui connaît quelques expressions en langue régionale : | X | |
> | connaît le patrimoine littéraire de la langue de sa région : | X | |
> | a appris une langue régionale dans une école pour adultes : | | X |
> | pratique la langue occasionnellement avec d'autres passionnés : | | X |
> | comprend seulement quelques mots de la langue de sa région : | X | |

→ **CAHIER D'EXERCICES**
- **En autonomie** : Pour approfondir sur la thématique des langues régionales, renvoyez vos apprenants aux exercices 14, 15, 17 et 18 pages 24 et 25.
- **En classe** : Faites faire en petits groupes, l'exercice 16 page 25

11. Rédigez un résumé du témoignage de chaque auditeur en quelques phrases.

Objectif Construire une représentation mentale de la totalité de chaque intervention orale en la réduisant à l'essentiel (sans détails).

LANGUES VIVANTES | UNITÉ 3

Démarche Faites d'abord faire l'exercice à partir de ce que vos apprenants auront retenu, puis seulement repassez une dernière fois l'audio pour qu'ils y repèrent ce qui leur manquerait.

> **CORRIGÉS**
>
> **11. Marion :** Marion vient d'Aix-en-Provence. Ses grands-parents parlaient le provençal mais cette langue a ensuite disparu dans sa famille. Son père connaît quelques expressions et les dit de temps en temps mais elle comprend seulement quelques mots.
> **Benoît :** Benoît vient de Bretagne. Il parle breton et c'est une langue qu'il a apprise à l'âge adulte car il a eu envie de découvrir sa région natale. Aujourd'hui, il pratique le breton pour le plaisir avec d'autres personnes qui sont passionnés par cette langue.

> **Mon panier de lexique**
>
> Quels mots de ces pages voulez-vous retenir ? Écrivez-les.
>
> **Objectif** Conscientiser l'acquisition lexicale.
>
> **Démarche** Vos apprenants ont déjà acquis un lexique relativement important pour parler des langues, mais demandez-leur de relire l'article pour y repérer de quoi l'enrichir encore. Faites comparer les termes retenus et déterminez éventuellement un fonds commun.
>
> Vous pouvez également renvoyer vos apprenants sur espacevirtuel.emdl.fr où ils auront la possibilité de constituer un nuage de mots via https://wordart.com.

DOSSIER 02 | CONSTRUIRE ET (INTER)AGIR | P. 52-53

Avant de lire

1. Observez la photo. À quoi vous fait-elle penser ? À votre avis, de quelle partie du monde francophone l'article va-t-il parler ? **SL1**

Objectif Exploiter le paratexte d'un texte pour formuler des hypothèses sur son sujet.

Démarche Laissez réagir spontanément en grand groupe et acceptez toutes les réponses pourvu qu'elles soient justifiées.

> **CORRIGÉS**
>
> **1.** *Réponses libres*
>   Les Inuits – le Canada

Lire, comprendre et réagir

2. Lisez le premier paragraphe de l'article. Avez-vous d'autres exemples à ajouter à la deuxième phrase ?

Objectif Repérer l'idée essentielle d'un paragraphe et y réagir.

Démarche Faites d'abord repérer l'idée clé du paragraphe, puis citer les exemples qui l'illustrent. Faites-en énumérer d'autres, pas seulement lexicaux, mais éventuellement grammaticaux (pas de passé simple ou d'imparfait, par exemple).
Profitez de la lecture de ce premier paragraphe pour faire définir le terme « autochtone », en exploitant la formation du mot et faire vérifier dans l'encadré. Du même coup, vous pourrez confirmer/infirmer les hypothèses faites dans l'activité 1, sur la partie du monde traitée dans l'article.

> **CORRIGÉS**
>
> **2.** *Réponses possibles*
>   Le mot *cafuné* n'a pas de traduction en français.

3. Lisez l'article. À quels paragraphes donneriez-vous ces titres ? **SL7**

Objectif Associer des parties de texte à leur résumé et dégager ainsi la structure du texte.

Démarche Laissez travailler individuellement, puis corrigez tous ensemble.

> **CORRIGÉS**
>
> **3.** Nouveaux et anciens mots : paragraphe 2.
>   Deux façons d'écrire : paragraphe 5.
>   Impact des technologies : paragraphe 7.
>   Difficultés de traduction : paragraphe 4.
>   Racines communes : paragraphe 6.

4. Après la lecture de l'article, comment comprenez-vous le titre ? Reformulez-le avec vos propres mots.

Objectif Se créer une représentation personnelle de la thèse d'un texte en en reformulant le titre.

Démarche Laissez réfléchir individuellement, puis récoltez. Quelle reformulation paraît la plus adéquate ?

> **CORRIGÉS**
>
> **4.** *Réponses possibles*
>   Selon la langue que nous parlons, nous changeons notre vision du monde et notre manière de nous adresser aux autres – notre langue influence notre manière de voir le monde.

55

UNITÉ 3 LANGUES VIVANTES

5. Relisez le dernier paragraphe. Pensez-vous que les médias soient responsables de la disparition de certaines langues ?

Objectif S'approprier l'information extraite d'un texte en y réagissant cognitivement.

Démarche Laissez réagir spontanément : combien de pour/contre ?

6. Avez-vous déjà rencontré des mots français difficiles à traduire dans votre langue ? À votre avis, pourquoi ?

Objectif S'approprier l'information extraite d'un texte en l'appliquant à sa propre langue.

Démarche Laissez réagir spontanément, mais faites expliquer.

Travailler la langue

7. Complétez le tableau à l'aide de l'article.

Objectif Acquérir le lexique des indéfinis.

Démarche Faites compléter le tableau, éventuellement à deux, puis corrigez en grand groupe mais en vous assurant que les nuances de sens entre les différents termes sont bien perçues ainsi que leurs constructions.

> **CORRIGÉS TABLEAU DE GRAMMAIRE**
>
> **7.** LES INDÉFINIS
> - **Chaque** + nom (toujours au singulier)
>   Ex. : *On dit que chaque langue transmet sa vision du monde.*
> - **Tout, toute, tous, toutes** + nom
>   Ex. : *tout ce patrimoine, tous les noms, toutes les langues.*
> - **Certain(e)s** + nom
>   Ex. : *Certains linguistes accusent les médias.*
> - **D'autres** + nom
>   Ex. : *[...] avec d'autres personnes qui parlent leur langue.*
> - **Quelques** + nom (= un petit nombre)
>   Ex. : *Il existe des variantes dans quelques langues autochtones.*
> - **Plusieurs** (invariable !) + nom s'oppose **à un seul**
>   Ex. : *un seul mot peut avoir plusieurs significations.*
> - **La plupart de(s)** + nom (= la plus grande partie)
>   Ex. : *La plupart des peuples cris se comprennent entre eux.*
> - **Aucun/e** + nom (= quantité nulle)
>   Ex. : *Il n'existe aucune expression pour dire « s'il vous plaît » ou « je m'excuse ».*

→ **CAHIER D'EXERCICES**
- **En autonomie** : Pour systématiser le travail sur les indéfinis, incitez vos apprenants à faire les exercices 18, 19, 20, 21 et 22 pages 25 et 26.

8. Relevez dans l'article tous les mots et expressions qui vous semblent intéressants pour parler des caractéristiques des langues.

Objectif Se constituer un fonds lexical relatif au thème des langues.

Démarche Laissez relire et noter individuellement.

> **CORRIGÉS**
>
> **8.** Patrimoine – richesse – image – signification – expression – orale – alphabet latin – alphabet syllabique

9. Mettez en commun vos listes, puis créez un nuage de mots collectif au tableau.

Objectif Se constituer un fonds lexical relatif au thème des langues.

Démarche Envoyez vos apprenants noter les mots retenus au tableau en créant un nuage de mots.

Regarder, comprendre et réagir

10. Regardez cette vidéo sur les peuples autochtones du Canada. Combien y a-t-il de langues autochtones utilisées ? SE

Objectif Repérer une information précise dans une écoute.

Démarche Laissez repérer individuellement et corrigez en groupe classe.

> **CORRIGÉS**
>
> **10.** Une soixantaine.

11. À quoi correspond le chiffre 213 000 ?

Objectif Repérer une information précise dans une écoute.

Démarche Laissez repérer individuellement et corrigez en groupe classe.

> **CORRIGÉS**
>
> **11.** Le nombre de personnes qui ont déclaré avoir une langue autochtone comme langue maternelle.

12. Qu'avez-vous appris de plus sur la langue inuktitut ?

Objectif Confronter ses propres connaissances aux informations textuelles.

Démarche Laissez vos apprenants s'exprimer librement et notez au tableau, pour déboucher sur un résumé des informations nouvelles.

LANGUES VIVANTES   UNITÉ 3

13. Dans la conclusion de la vidéo, qu'ont déclaré 14 000 autochtones, selon le présentateur ?

Objectif Repérer une information précise dans une écoute.

Démarche Laissez repérer individuellement et corrigez en groupe classe.

> **CORRIGÉS**
> 13. Qu'ils ne sont plus capables de parler leur langue maternelle autochtone.

Retrouvez la vidéo et les activités sur espacevirtuel.emdl.fr

Produire et interagir

14. Pensez à une langue de votre choix, puis complétez la fiche d'identité en utilisant les mots suivants : *mots, sons, verbes, temps, règles, conjugaisons*, etc.

Objectif Utiliser les indéfinis pour décrire une langue que l'on connaît.

Démarche Laissez travailler individuellement.

15. Montrez votre fiche à un/e camarade. Il/Elle devine de quelle langue il s'agit.

Objectif Utiliser les indéfinis et le champ lexical des langues pour en reconnaître une à l'audition.

Démarche Laissez chacun lire son texte, puis les autres essaient de deviner quelle langue il a décrit.

16. Faites une enquête sur l'apprentissage du français dans la classe : quand ? où ? avec quel livre ? Pourquoi ? etc. Notez les réponses au tableau. Puis, commentez les résultats à l'aide des indéfinis.

Objectif Utiliser les indéfinis pour décrire les modalités d'apprentissage du français de la classe.

Démarche Récoltez au tableau les réponses à chaque question, puis faites résumer (oralement ou par écrit) les résultats de l'enquête sous forme de statistiques commentées.

17. Écrivez un texte sur une langue qui n'existe pas à l'aide des mots et expressions de l'activité 9.

Objectif Utiliser le lexique des langues et les indéfinis pour décrire une langue imaginaire.

Démarche Encouragez vos apprenants à laisser libre cours à l'imagination et faites travailler individuellement par écrit. Chacun lira ensuite son texte, et la langue la plus séduisante (pourquoi ?) sera élue.

DOSSIER 02 | CONSTRUIRE ET CRÉER | P. 54-55

Lire, comprendre et réagir

1. Lisez l'introduction du blog. Qui écrit ? Pour parler de quoi ?

Objectif Analyser la situation d'énonciation d'un texte.

Démarche Faites lire l'introduction du texte et y trouver les traces de l'énonciateur. Vous pouvez amplifier l'analyse en l'étendant à la nature et à la visée du texte (sans laquelle l'analyse des arguments n'a aucun sens).

> **CORRIGÉS**
> 1. Un professeur de philosophie en classe de Terminale – pour parler du sujet de réflexion qu'il leur a donné : « Si toute l'humanité parlait une seule langue ? »

2. Lisez le blog. Quelles sont les réponses des élèves en faveur d'une langue universelle et celles contre ?

Objectif Relever les arguments en faveur et en défaveur d'une thèse.

Démarche Laissez travailler individuellement puis corrigez, en deux colonnes, au tableau.

> **CORRIGÉS**
> **2. Pour :** si on avait tous une langue commune, on se comprendrait mieux, on se ferait moins la guerre – si les gens partageaient une seule langue, ils pourraient voyager plus facilement – si on avait tous la même langue, on perdrait moins de temps à apprendre des langues – si on avait tous notre propre langue plus une autre langue universelle, on serait plus ouverts et plus intelligents – si on parlait tous la même langue, on ne serait plus jaloux des polyglottes
> **Contre :** Si on parlait tous la même langue, les traducteurs seraient au chômage – si nous parlions tous une langue universelle, on penserait tous pareil – si tout le monde parlait la même langue, on aurait moins de vocabulaire, car dans certaines langues les choses ont plusieurs noms – si nous parlions tous chinois par exemple, comment appellerait-on les animaux qui n'existent pas en Chine.

UNITÉ 3 — LANGUES VIVANTES

3. Quels arguments trouvez-vous pertinents et/ou amusants? Échangez en petits groupes.

Objectif Réagir cognitivement à des prises de position.

Démarche Laissez réagir spontanément et entourez/notez, au tableau, les arguments qui rencontrent l'adhésion. Comment se positionnent la classe par rapport à l'idée d'une langue unique?

4. Croyez-vous qu'il soit intéressant d'étudier la philosophie au lycée?

Objectif Développer une opinion relative à une extension du sujet (de la langue unique au cours de philo).

Démarche Vous pouvez, au choix, laisser surgir un débat assez spontané ou demander un petit texte argumenté (pourquoi pas une autre page de blog du professeur de philo?), mais il s'agira pratiquement d'une tâche.

Travailler la langue

5. Observez les phrases des élèves. Leurs hypothèses sont...

Objectif Comprendre la notion de potentialité.

Démarche Laissez d'abord discuter à deux, puis étendez la discussion au groupe classe. Pour mieux faire saisir la différence, vous pouvez opposer réalité et potentialité (*si tu parles chinois, ce que tu sais faire, je ne te comprendrai pas / si tu parlais chinois, ce dont tu es incapable, tu pourrais discuter avec mon ami Chang*) et montrer qu'aucune des hypothétiques du blog n'est réelle.

> **CORRIGÉS**
> **5.** Imaginaires.

6. Repérez et identifiez les temps des verbes utilisés après *si*, puis complétez le tableau.

Objectif Acquérir l'emploi des temps dans les systèmes hypothétiques potentiels.

Démarche Toujours par deux, faites souligner tous les verbes des phrases, puis compléter le tableau et prendre conscience de la règle. Insistez sur la différence subordonnée/principale et l'opposition imparfait/conditionnel.

> **CORRIGÉS TABLEAU DE GRAMMAIRE**
> **6.** L'HYPOTHÈSE IMAGINAIRE
> Pour faire une hypothèse ou imaginer une situation, on utilise *si* + verbe à l'imparfait + verbe au conditionnel présent.
> Ex.: *Si on parlait tous la même langue, les traducteurs seraient au chômage.*
> Ex.: *Si on avait tous la même langue, on perdrait moins de temps à apprendre des langues.*

→ CAHIER D'EXERCICES

- **En autonomie**: Pour approfondir sur l'hypothèse imaginaire, incitez vos apprenants à faire les exercices 23 et 24 page 26.
- **En classe**: Vous pouvez faire réaliser l'exercice 25 page 26 en petits groupes.

7. Comment fait-on ce genre d'hypothèses dans votre langue ou dans les langues que vous connaissez?

Objectif Prendre conscience des différences/similitudes entre langues.

Démarche Laissez d'abord réfléchir individuellement, puis récoltez les réflexions en demandant des exemples analysés; quelles sont les langues qui fonctionnent comme le français?

Produire et interagir

8. Écrivez chacun le début d'une hypothèse sur une feuille, puis passez-la à un/e camarade qui la complète. Affichez toutes les feuilles au tableau et lisez-les. Choisissez votre préférée.

Objectif Utiliser les systèmes hypothétiques pour jouer.

Démarche Faites d'abord bien comprendre la logique et le fonctionnement du jeu (selon le principe du «cadavre exquis»), puis faites écrire. Récoltez les productions, faites lire et apprécier, non seulement grammaticalement, mais aussi sémantiquement. Des trouvailles poétiques?

9. En petits groupes, imaginez une chaîne de conséquences imaginaires.

Objectif Utiliser les systèmes hypothétiques pour jouer.

Démarche Ce sera plus ludique si vous faites construire la chaîne oralement, un apprenant après l'autre. À nouveau, faites apprécier chaque production non seulement grammaticalement mais aussi sémantiquement. Attention, c'est un bel exercice de voltige conjugaison imparfait/conditionnel!

LANGUES VIVANTES | UNITÉ 3

10. Et vous, qu'est-ce que vous répondriez si vous étiez dans la classe du professeur de philosophie ?

Objectif Utiliser les systèmes hypothétiques pour réagir à la thèse du texte de base.

Démarche Laissez d'abord réfléchir un moment, puis récoltez les avis. Quel est l'avis qui suscite le plus d'intérêt ?

11. À deux, faites un mini-débat de deux minutes sur les sujets suivants. Tirez à pile ou face (pile : pour ; face : contre) et préparez vos arguments.

Objectif Utiliser les systèmes hypothétiques pour défendre une opinion.

Démarche Prolongez d'abord la liste des sujets, les deux premiers ayant déjà été pas mal travaillés (utilité des langues aujourd'hui, parler une langue mais pas l'écrire, le bilinguisme dès la naissance, enseignement par immersion, écoles bilingues), puis faites débattre par deux et passez dans les rangs pour évaluer.

CORRIGÉS :

11. *Réponses possibles*
La philosophie à l'école :
pour : apprendre à penser dès le plus jeune âge – avoir une meilleure image de soi – structure ses propos – développer des habilités pour d'autres disciplines ou dans la vie de tous les jours – plus critiques vis-à-vis de soi-même et des idées des autres.
contre : trop jeunes pour réfléchir par eux-mêmes – plus de respect pour les idées des parents – perte de l'innocence de l'enfance.
La simplification de l'orthographe :
pour : plus simple d'apprendre une langue – règles de grammaire souvent artificielles – faciliter l'apprentissage de l'écriture.
contre : appauvrissement de la pensée – la langue a une histoire – difficultés à comprendre les anciens textes.

DÉFI #02
FAIRE UNE INFOGRAPHIE SUR LES LANGUES DE LA CLASSE

Objectif L'objectif linguistique du deuxième défi de l'unité 3 vise la mobilisation de toutes les ressources installées dans les pages des dossiers 1 et 2, à savoir le lexique encore amplifié de l'apprentissage des langues, les moyens (lexicaux et grammaticaux) de l'expression de l'opinion, de l'intérêt et de l'hypothèse, de même que le relatif *lequel* et les indéfinis. Actionnellement, ce défi met l'apprenant en situation de citoyen fictif (via la fiction du village), amené à prendre conscience des caractéristiques linguistiques du groupe d'apprentissage auquel il participe (objectif interpersonnel et interculturel).

Démarche Organisez la classe en petits groupes de préférence pas homogènes et faites-les s'interroger entre eux au moyen des données proposées, que vous pouvez amplifier. Maintenez ces groupes pour la création de l'infographie. Insistez pour que le partage des données soit ensuite fait sur le mode de l'imaginaire.

 **DÉFI #02** NUMÉRIQUE
espacevirtuel.emdl.fr

Ce défi existe également en version numérique dans laquelle les élèves peuvent réaliser leur infographie sur www.infogram.com/fr.
Rendez-vous sur espacevirtuel.emdl.fr

UNITÉ 3 LANGUES VIVANTES

S'APPROPRIER LES MOTS | P. 56

Les mots assortis

1. Complétez la série avec des adjectifs de l'unité utilisés pour parler d'une langue.

Objectif Réutiliser les collocations vues dans l'unité pour parler des langues.

Démarche Laissez travailler individuellement, de préférence de mémoire, puis par retour éventuel sur l'unité. Ensuite, faites une mise en commun.

> **CORRIGÉS**
>
> **1.** une langue régionale – morte
> l'alphabet latin – syllabique
> pratiquer – découvrir une langue
> une langue transmet des mots à d'autres langues

La grammaire des mots

2. Complétez avec les prépositions adéquates : *à, de, dans, pour.*

Objectif Réutiliser les collocations vues dans l'unité pour parler des langues.

Démarche Laissez travailler individuellement, de préférence de mémoire, puis par un retour éventuel sur l'unité. Ensuite, faites une mise en commun.

> **CORRIGÉS**
>
> **2.** des mots pour parler de quelque chose
> facile à apprendre
> impossible à traduire
> transmettre à quelqu'un
> entrer dans le dictionnaire

3. Trouvez dans l'unité les mots en *-ion* qui correspondent aux verbes comme dans les exemples.

Objectif Amplifier le lexique au moyen de la suffixation.

Démarche Vous pouvez laisser travailler vos apprenants d'abord mécaniquement, puis les faire vérifier dans l'unité. Puis, ensemble, soulignez les irréguliers.

> **CORRIGÉS**
>
> **3.** une option – une domination – une mondialisation – une communication – une organisation – une signification – une protection – une promotion – une construction – une introduction – une réflexion – une invasion

4. Retrouvez dans l'unité les verbes qui correspondent à ces noms.

Objectif Amplifier le lexique au moyen de la suffixation.

Démarche Comme dans l'activité 3, vous pouvez laisser travailler vos apprenants d'abord mécaniquement, puis les faire vérifier dans l'unité. Puis, ensemble, soulignez les irréguliers.

> **CORRIGÉS**
>
> **4.**
>
> | Utiliser | Enrichir | Pratiquer |
> | Évoquer | Enseigner | Influencer |
> | Interagir | Rassembler | Accueillir |
> | Transcrire | Développer | Apprendre |
> | Installer | | |
> | Transmettre | | |
> | Diffuser | | |

Mes mots

5. Dites une langue que vous...

Objectif Faire un bilan personnel des langues que l'on pratique, prendre conscience de soi-même comme locuteur.

Démarche Laissez d'abord compléter individuellement, puis échangez en groupe classe.

60

LANGUES VIVANTES **UNITÉ 3**

DÉFI #03 NUMÉRIQUE
espacevirtuel.emdl.fr

Le défi #03 numérique de l'unité 3 consiste à présenter l'histoire et l'origine de cinq mots étrangers de la langue française avec l'application Text2Pic.com.

La plateforme numérique espacevirtuel.emdl.fr propose un troisième défi à faire en fin d'unité. Cette tâche indépendante reprend les objectifs pédagogiques de l'ensemble de l'unité, elle représente un challenge pour les apprenants et a un caractère ludique. Elle ne vous demandera pas de temps de préparation en amont. Vos élèves trouveront sur l'Espace virtuel des outils TICE et des liens vers des sites pour faire tous les défis numériques. Avec ces outils, vos apprenants peuvent produire un contenu numérique, seuls ou en groupes, le commenter et le soumettre à la classe. L'Espace virtuel leur permet aussi de partager et d'envoyer leur production. Nous vous recommandons de constituer un mur Padlet dès le début de vos cours pour afficher toutes les tâches numériques réalisées au cours de l'année (voir fiche TICE de l'Espace virtuel > Padlet). Vous retrouvez également sur l'Espace virtuel d'autres fiches destinées aux enseignants pour mieux utiliser les outils TICE.

Rendez-vous sur espacevirtuel.emdl.fr

Bêtes de scène 04

DOSSIER 01 Le spectacle vivant

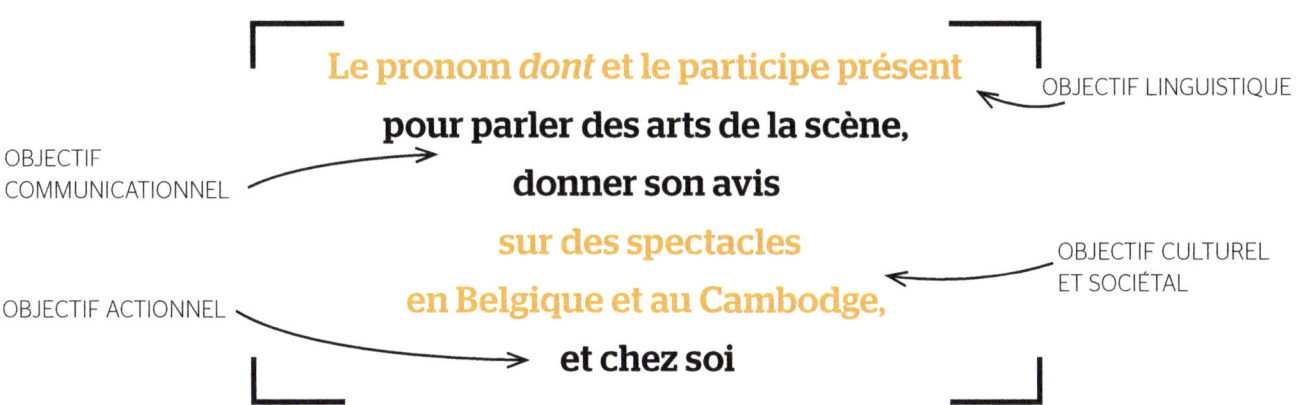

DOSSIER 01 | DÉCOUVRIR | P. 58-59

Avant de lire

1. Si on vous dit « spectacle vivant », à quoi pensez-vous ? Échangez en classe.

   Objectif Mobiliser les réalités que chacun désigne par un terme bien précis et comparer.

   Démarche Laissez vos apprenants s'exprimer librement et confronter leurs représentations. Peuvent-ils arriver à un accord ?

   > **CORRIGÉS**
   >
   > 1. *Réponses possibles*
   >   Spectacle dans la rue – spectacle avec plusieurs personnes – spectacle de théâtre – spectacle de danse

Lire, comprendre et réagir

2. Observez le document (carte et photos). Quelles informations donne-t-il ? Vérifiez vos hypothèses en lisant l'introduction. SL1

   Objectif Exploiter le paratexte d'un article pour en déduire le sujet.

   Démarche Focalisez l'attention de vos apprenants sur le titre, les photos et la carte et demandez-leur à quoi ils s'attendent. Laissez-les s'exprimer spontanément. Faites ensuite lire l'introduction pour en souligner les mots-clés et ainsi vérifier leurs hypothèses. Par la même occasion, faites retrouver les mots qui permettent de définir le terme de « spectacle vivant ».

   > **CORRIGÉS**
   >
   > 2. *Réponses possibles*
   >   Les lieux de spectacles (théâtre, danse, chant) dans les différentes régions de Belgique. – Les différents festivals en Belgique.

3. Lisez les encadrés. Si vous alliez en Belgique, à quel festival iriez-vous ? Pourquoi ? Échangez en classe.

   Objectif Repérer l'information essentielle de chaque petit texte et y réagir affectivement.

   Démarche Cette fois, demandez-leur de lire les textes et que chacun en choisisse un. Faites ensuite échanger en justifiant.

4. Relevez dans le document tous les mots en rapport avec les disciplines suivantes.

   Objectif Se construire un lexique relatif aux arts de la scène.

   Démarche Les textes regorgent de lexique. Faites repérer et souligner, individuellement, les termes propres à chaque type de spectacle et, au tableau, invitez-les à compléter une carte mentale commune.

UNITÉ 4 — BÊTES DE SCÈNE

> **CORRIGÉS**
>
> **4. La musique** : des opéras – des concerts de musique classique – rap – rock électro – chants – jazz.
> **Le théâtre** : one-man-show – humoriste – conteurs – conteuses.
> **La danse** : des ballets – la danse – des danseurs – des chorégraphes.
> **Les marionnettes** : objets – ombres – fils – poupées.
> **Le cirque** : chapiteau – acrobates – jongleurs – clowns.

5. Relisez la dernière phrase de l'introduction. Comment la comprenez-vous ?

Objectif Paraphraser une phrase comprenant une personnification.

Démarche Travaillez avec toute la classe, en guidant la réflexion pour mettre en évidence la personnification (les yeux et les oreilles parlent) et la faire justifier (les arts de la scène s'adressent au regard et à l'écoute).

> **CORRIGÉS**
>
> **5.** *Réponse possible*
> Vous allez apprécier ce que vous allez voir et ce que vous allez entendre.

6. Dans votre pays, connaissez-vous des festivals d'arts de la scène ? Présentez-en un.

Objectif S'approprier une information textuelle en l'appliquant à son propre contexte (pays et culture) (objectif interculturel).

Démarche Laissez le temps nécessaire à la réflexion et à la formulation (mentale ou écrite), puis faites échanger. Demandez que chaque apprenant épingle, pendant la discussion, un exemple qui l'attire particulièrement.

7. Quels sont vos goûts en matière de spectacles vivants ? Échangez en classe.

Objectif Prendre conscience de ses intérêts personnels en matière de spectacle vivant (objectif intrapersonnel).

Démarche Suggérez à vos apprenants de passer mentalement en revue les différents arts de la scène mentionnés dans l'article, et de marquer pour chacun un degré d'intérêt (au besoin, qu'ils mentionnent un art oublié). Puis, faites échanger : une prédilection de la classe ? Un art délaissé ?

Regarder, comprendre et réagir

8. Faites des recherches sur la comédie musicale *Notre-Dame de Paris*, puis regardez la vidéo. Les spectateurs sont…

Objectif Repérer une information précise (ou l'inférer au besoin) dans une écoute.

Démarche Exploitez d'abord les éventuelles connaissances de vos apprenants sur cette comédie musicale et, à défaut d'informations suffisantes, faites-leur faire des recherches. Passez ensuite la vidéo pour leur faire évaluer le degré de satisfaction des spectateurs.

> **CORRIGÉS**
>
> **8.** Les spectateurs sont enthousiastes.

9. Visionnez à nouveau la vidéo. Puis, reconstituez les phrases dites dans le reportage.

Objectif Repérer diverses informations éparses dans un enregistrement.

Démarche Repassez la vidéo et laissez travailler vos apprenants individuellement. Ensuite, corrigez tous ensemble (éventuellement à l'aide de la retranscription).

> **CORRIGÉS**
>
> **9.** Richard Charest campe le rôle du poète admirablement – Daniel Lavoie est le coup de cœur du public – *Notre-Dame de Paris* est un enchaînement de succès – La mise en scène est dynamique – les danseurs et acrobates sont épatants – L'œuvre nous fait passer une très belle soirée.

10. Repérez les adjectifs que les spectateurs utilisent pour qualifier le spectacle à la fin du reportage.

Objectif Repérer diverses informations éparses dans un enregistrement pour enrichir son lexique.

Démarche Vous pouvez ne repasser que la fin du reportage. Laissez travailler vos apprenants individuellement, puis corrigez tous ensemble.

> **CORRIGÉS**
>
> **10.** Magnifique – superbe – incroyable – grandiose

BÊTES DE SCÈNE | UNITÉ 4

Mon panier de lexique

Quels mots du document voulez-vous retenir ? Écrivez-les.

Objectif Conscientiser l'acquisition lexicale réalisée inconsciemment lors des activités de compréhension antérieures et la fixer.

Démarche Comme vos apprenants auront déjà consacré deux activités (activités 4 et 10) à une acquisition lexicale consciente, demandez-leur d'abord de remplir leur panier de mémoire, pourquoi pas sous forme de carte mentale (c'est-à-dire en catégories) et s'ils le souhaitent, laissez-leur la possibilité de retourner aux textes. Déterminez le noyau dur de tout cet acquis, dont vous exigerez la maîtrise par tous les apprenants et chacun en particulier.

Vous pouvez également renvoyer vos apprenants sur espacevirtuel.emdl.fr où ils auront la possibilité de constituer un nuage de mots via https://wordart.com.

→ **CAHIER D'EXERCICES**
- **En autonomie** : Pour approfondir sur le thème des spectacles, renvoyez vos apprenants aux exercices 1, 2 et 4 page 30.
- **En classe** : Faites faire en petits groupes l'exercice 3 page 30.

DOSSIER 01 | CONSTRUIRE ET (INTER)AGIR | P. 60-61

Avant de lire

1. En petits groupes, faites une liste d'artistes et de numéros de cirque, à l'aide d'un dictionnaire. **SL3**

Objectif Mobiliser les connaissances communes relatives à un des arts de la scène (le cirque) pour mieux comprendre le texte qui suit, et, du même coup, acquérir le lexique pour en parler.

Démarche Faites travailler impérativement en groupes en utilisant le mime si le vocabulaire manque, puis mettez toutes les trouvailles en commun, au tableau, constituant ainsi un beau trésor lexical que vous laisserez à disposition le temps voulu et dont vous exigerez la maîtrise d'une partie.

CORRIGÉS

1. numéro de clowns – numéro d'acrobaties – numéro d'animaux sauvages – numéro équestre – numéro de jonglerie – numéro d'équilibristes.

2. Observez les onglets du blog de Maelys. Qu'apprenez-vous sur elle ? **SL1**

Objectif S'informer sur les caractéristiques de l'énonciateur d'un texte pour mieux décrypter son éventuel positionnement dans le texte.

Démarche Laissez la classe chercher et s'exprimer et demandez pourquoi c'est intéressant d'en connaître un peu plus sur un énonciateur (en cas de texte argumentatif, par exemple, c'est déterminant).

CORRIGÉS

2. Elle a des enfants – Elle aime voyager

Lire, comprendre et réagir

3. Lisez l'introduction du post. De quoi Maelys parle-t-elle ? Dans quel pays ?

Objectif Circonscrire le sujet d'un texte en repérant les informations clés du paragraphe introducteur.

Démarche Cette fois, faites travailler individuellement, en soulignant les mots-clés. Exigez aussi les mots-clés qui caractérisent ce cirque différent des autres. Faite ensuite une mise en commun. Vos apprenants connaissent-ils d'autres cirques similaires (Cirque du Soleil, par exemple, et renvoyez à l'encadré et demandez des recherches). Savent-ils où se trouve Siem Reap et ce qu'a vécu le Cambodge ? Une petite recherche/ une information de leur/votre part s'impose.

CORRIGÉS

3. Elle parle du cirque phare au Cambodge.

4. Lisez le post, puis donnez un titre à chaque paragraphe.

Objectif Se construire une représentation mentale ramenée à l'essentiel, paragraphe par paragraphe.

Démarche À nouveau, à chacun de s'armer d'un crayon pour souligner les mots-clés et les regrouper en un sous-titre par paragraphe. Ensemble, ensuite, notez au tableau, après discussion sur les meilleurs sous-titres, le plan du texte.

CORRIGÉS

4. Paragraphe 1 : La naissance du cirque phare
   Paragraphe 2 : Les numéros
   Paragraphe 3 : Une expérience inoubliable

UNITÉ 4 BÊTES DE SCÈNE

5. Reformulez l'histoire du cirque avec les dates suivantes : 1991-1994-1998-2013.

Objectif Se construire une représentation mentale détaillée d'une partie du texte.

Démarche Vous pouvez faire travailler, individuellement, par phrases complètes ou par sous-titres. Puis, faites une mise en commun en groupe classe.

> **CORRIGÉS**
>
> **5.** *Réponse possible*
> 1991 marque la fin de la guerre civile au Cambodge et afin d'aider les familles qui ont connu cette guerre, de jeunes Cambodgiens décident en 1994 de créer un centre d'art thérapie avec des cours de dessin. Quatre ans plus tard, en 1998, une école de cirque voit le jour et c'est seulement en 2013 que le cirque s'installe à Siem Reap où il va connaître un succès fou.

6. Que peut-on voir durant le spectacle, selon Maelys ?

Objectif Repérer des informations précises éparses dans le deuxième paragraphe.

Démarche Faites repérer individuellement et mettez en commun.

> **CORRIGÉS**
>
> **6.** Un orchestre de musique traditionnelle – des acrobates – des jongleurs – des effets spéciaux – des costumes colorés.

7. Maelys nous conseille-t-elle le spectacle ? Pourquoi ?

Objectif Repérer des informations précises éparses dans le deuxième paragraphe.

Démarche Faites repérer individuellement et mettez en commun. Demandez ensuite à vos apprenants si cela les intéresserait aussi, et pourquoi ?

> **CORRIGÉS**
>
> **7.** Oui, car c'est une expérience à ne pas rater. Selon elle, nous allons passer une soirée formidable, et en même temps, contribuer au bonheur de ces artistes en les faisant vivre de leur passion.

8. Connaissez-vous d'autres initiatives artistiques réalisées par des personnes en difficulté ? Faites des recherches.

Objectif S'approprier l'information extraite du texte en l'appliquant à son propre contexte, qu'il s'agisse d'arts de la scène ou d'autres arts.

Démarche Laissez d'abord réfléchir et expliquer. Si besoin, faites ensuite faire des recherches.

Travailler la langue

9. Repérez dans le post toutes les phrases avec le pronom *dont*. Reformulez ces phrases sans l'utiliser.

Objectif Comprendre le fonctionnement (pronominal) du pronom *dont*.

Démarche Laissez d'abord vos apprenants repérer individuellement tous les *dont* du texte et reformuler les phrases, puis mettez en commun. À partir de ces manipulations, faites compléter le premier paragraphe du tableau. Ensuite, tous ensemble, focalisez leur attention sur la fonction du pronom dans la subordonnée, ce qui est moins facile.

> **CORRIGÉS TABLEAU DE GRAMMAIRE**
>
> **9.** LE PRONOM *DONT*
> - Des artistes talentueux racontent des histoires dont les thèmes vont de la guerre aux légendes locales, en passant par la société actuelle.
> - Leur but ? Aider les enfants dont les familles ont vécu la guerre civile.
> - Vous aiderez de jeunes artistes à vivre une passion dont ils sont très fiers.
> - Des artistes talentueux racontent des histoires. Les thèmes de ces histoires vont de la guerre aux légendes locales, en passant par la société actuelle.
> - Leur but ? Aider les enfants. Les familles de ces enfants ont vécu la guerre civile.
> - Vous aiderez de jeunes artistes à vivre une passion. Ils sont très fiers de cette passion.
>
> **Dont** est un pronom relatif comme **qui** et **que**.
> Il reprend un mot précédé de la préposition **de**.
> • Ex. : *Aider les enfants dont les familles ont vécu la guerre civile (de 1970 à 1991) à exprimer leurs souffrances.*
> • Ex. : *Vous aiderez de jeunes artistes à vivre une passion dont ils sont très fiers.*

→ **CAHIER D'EXERCICES**
- **En autonomie** : Pour systématiser l'utilisation du pronom *dont*, renvoyez vos apprenants aux exercices 5, 6 et 7 page 31.

10. Lisez ces deux phrases et trouvez dans le blog les formulations équivalentes. Puis, complétez le tableau.

Objectif Acquérir le fonctionnement et la morphologie du participe présent.

Démarche Laissez d'abord vos apprenants repérer individuellement toutes les formulations du texte, puis mettez en commun. À partir de ces manipulations, faites compléter le tableau.

BÊTES DE SCÈNE **UNITÉ 4**

> **CORRIGÉS TABLEAU DE GRAMMAIRE**
>
> **10.** LE PARTICIPE PRÉSENT
> Un orchestre de musique traditionnelle accompagne les numéros des acrobates enchaînant les sauts et volant au-dessus des jongleurs.
> C'est un spectacle extraordinaire de musique et d'effets spéciaux mélangeant les arts du cirque et les traditions artistiques khmères.
> Le participe présent peut remplacer une proposition relative introduite par le pronom **qui**.
> Ex. : *enchaînant les sauts*
> Ex. : *volant au-dessus des jongleurs*
> Ex. : *mélangeant les arts du cirque*

→ **CAHIER D'EXERCICES**
• **En autonomie** : Pour travailler le participe présent, renvoyez vos apprenants aux exercices 8 et 9 page 31.

11. Relisez le post. Faites une carte mentale avec les mots et expressions pour parler de spectacle.

Objectif Amplifier le trésor de mots relatif aux spectacles.

Démarche Si votre nuage de mots du dossier Découvrir, figure encore au tableau, faites-le compléter par vos apprenants au fur et à mesure de leur relecture, sinon, reconstruisez-en un tous ensemble.

> **CORRIGÉS**
>
> **11.** **Les opinions** : c'est une expérience à ne pas rater – c'est un spectacle extraordinaire – une soirée formidable.
> **Les actions** : sauts – volant – danse – mime – acrobaties.
> **Les artistes** : acrobates – jongleurs – clowns
> **Autre** : un orchestre – numéros – costumes – chapiteau – la scène.

Écouter, comprendre et réagir

12. À deux, cherchez sur Internet des images sur la Cinéscénie du Puy du Fou. Que voyez-vous ? À votre avis, qu'est-ce que c'est ? SL3

Objectif Découvrir un spectacle vivant aussi original que le Phare de Siem Reap en décryptant des images (sorte de paratexte de l'événement) et émettre des hypothèses sur sa nature.

Démarche Faites discuter par deux, puis en groupe classe et récoltez les hypothèses sans porter de jugement.

> **CORRIGÉ**
>
> **12.** C'est un spectacle qui se déroule la nuit. Les spectateurs profitent d'un immense show qui se déroule aussi bien sur terre, que dans l'eau et les airs.

13. Écoutez la première partie du reportage (jusqu'à la musique). Qui sont les intervenants ? Où sont-ils ? À quel moment a lieu l'interview ? Qu'apprenez-vous de plus ? SE

Objectif Comprendre le contexte d'énonciation du reportage.

Démarche Passez plusieurs fois l'audio si nécessaire.

> **CORRIGÉS**
>
> **13.** Un journaliste et une bénévole – dans le village d'acteur de la pêcherie – 21 h 45 – il y a cinq gros villages et le village de la pêcherie est un des plus gros. Il compte plus de 800 acteurs.

14. Écoutez la deuxième partie du reportage. Où sont les intervenants et à quel moment a lieu l'interview ? Parmi les événements que vous avez vus sur Internet, lesquels l'intervenante cite-t-elle ?

Objectif Comprendre le contexte d'énonciation d'une deuxième interview.

Démarche Passez plusieurs fois l'audio si nécessaire.

> **CORRIGÉS**
>
> **14.** Face au château du Puy du Fou – juste avant le final du spectacle – tous les acteurs sont sur scène pour le final – il y a plusieurs feux d'artifice – il y a des jets d'eau.

15. Avez-vous envie d'aller voir la Cinéscénie ? Pourquoi ? Échangez en petits groupes.

Objectif S'approprier l'information extraite d'une écoute en y réagissant affectivement en tant que spectateur.

Démarche Récoltez les réactions sans les juger, mais en les faisant justifier.

16. Auriez-vous envie de participer bénévolement à un spectacle comme la Cinéscénie ? Échangez en petits groupes.

Objectif S'approprier l'information extraite d'une écoute en y réagissant affectivement en tant qu'acteur.

Démarche Récoltez les réactions sans les juger, mais en les faisant justifier.

67

UNITÉ 4 BÊTES DE SCÈNE

Produire et interagir

17. Répondez à ce questionnaire en moins d'une minute, puis comparez vos réponses avec celles d'un/e camarade. Expliquez-les.

Objectif Citer un artiste ou une production avec lequel/laquelle on a un rapport déterminé par une relative en *dont*.

Démarche Invitez vos apprenants à répondre très vite, sans top réfléchir, et par écrit, au questionnaire puis, par deux, à expliquer mutuellement leurs réponses.

18. Rédigez une petite annonce de casting d'artistes à l'aide de verbes au participe présent. Lisez votre annonce à la classe. Y a-t-il des candidats?

Objectif Utiliser le participe présent pour décrire les capacités attendues d'un artiste.

Démarche Incitez vos apprenants à faire preuve d'imagination et à songer à un spectacle dont il seraient les producteurs ou les metteurs en scène.

Ensuite, faites décrire les compétences attendues d'un d'un/e acteur(trice). Laissez-les travailler individuellement, puis faites lire et réagir les autres : quelqu'un est tenté? Pour jouer dans quel type de spectacle?

19. Rédigez un commentaire sur un spectacle que vous avez aimé, en vous aidant de l'activité 11.

Objectif Rédiger un commentaire de spectacle en mobilisant le lexique spécifique des arts de la scène, voire le participe présent et le relatif *dont*.

Démarche Cette activité peut s'apparenter à une tâche selon les dimensions que vous en attendrez : spécifiez donc à vos apprenants s'ils doivent seulement donner un avis succinct (ce qui peut se faire oralement) ou s'ils doivent rédiger un texte similaire à celui de la page 60 sur le cirque Phare.

DOSSIER 01 | CONSTRUIRE ET CRÉER | P. 62-63

Avant de lire

1. Que pensez-vous de l'opéra? Échangez en classe.

Objectif Exprimer son ressenti par rapport à un art de la scène particulier (l'opéra).

Démarche Laissez réagir spontanément, sans porter aucun jugement.

Lire, comprendre et réagir

2. Lisez le titre de l'article et les questions des quatre paragraphes. À votre avis, de quoi parle chaque paragraphe?
SL7

Objectif Exploiter le paratexte (titres et sous-titres) pour dégager le thème et la thèse d'un article argumentatif.

Démarche Focalisez l'attention de vos apprenants sur tous les titres et sous-titres, quitte à les lire vous-même à voix haute, et faites dégager la thèse que l'article va défendre, en soulignant les mots-clés des sous-titres (*fun, drôle, moderne, glamour*) et en les renvoyant au mot générique du titre (*clichés*). Faites reformuler l'avis contre lequel l'article va s'élever : *l'opéra, c'est ennuyeux, sinistre, vieux jeu et glauque*. Notez ces mots-clés et leurs antonymes au tableau et laissez-les-y.

> **CORRIGÉS**
>
> **2.** *Réponse possible*
> Une présentation de chaque opéra et de sa spécificité.

3. Lisez l'article. Pourquoi les quatre productions présentées s'opposent aux idées reçues sur l'opéra?

Objectif Dégager les arguments en faveur de la thèse (et sous-thèses) dégagée(s) plus haut.

Démarche Le texte est difficile. Faites donc travailler individuellement, quitte à confier chaque paragraphe à un groupe de deux ou trois apprenants. Dans chaque cas, faites relever les aspects de chaque spectacle (péripéties du script, éléments de mise en scène, etc.) qui s'opposent au cliché du sous-titre, de façon à prouver qu'une œuvre peut être divertissante, drôle, actuelle, charmante. Puis, mettez en commun.

> **CORRIGÉS**
>
> **3.** Car elles font rire, il y a de la danse urbaine (hip-hop), les mises en scènes sont poétiques et les personnages séducteurs et sexy.

BÊTES DE SCÈNE   UNITÉ 4

4. Observez les affiches. Selon vous, est-ce que les photos choisies illustrent-elles bien les textes?

Objectif Porter un jugement sur l'adéquation du paratexte (illustrations) avec la visée du texte.

Démarche Faites faire l'exercice individuellement. Chacun devra de la sorte prendre en compte non seulement sa propre analyse antérieure, mais aussi ce qu'il a retenu de celles de ses camarades, puis mettez en commun. Quelle affiche rallie les suffrages?

5. Quel opéra avez-vous envie de voir? Pourquoi?

Objectif S'approprier les informations antérieures en y réagissant affectivement à titre personnel.

Démarche Laissez réagir spontanément en groupe classe et élargissez le positionnement en demandant si le texte a atteint sa visée, autrement dit si vos apprenants sont convaincus de sa thèse.

→ **CAHIER D'EXERCICES**
- **En autonomie**: Pour approfondir sur la thématique de l'opéra, renvoyez vos apprenants à l'exercice 10 page 32.

Travailler la langue

6. Retrouvez dans l'article les mots pour décrire les positions, et les verbes pour décrire les mouvements.

Objectif Acquérir un lexique des positions et mouvements.

Démarche Faites travailler individuellement, puis faites une mise en commun.

CORRIGÉS ENCADRÉ DE LEXIQUE

6. Mots pour décrire les positions : assis – debout – couchée.
Verbes pour décrire les mouvements : monter – se pencher – allongez-vous – descendent – en gesticulant – lèvent les bras – tournent sur eux-mêmes – saute – bouge – se déplace à petits pas – descend – s'approche – court – avance – tombe – se relève – danse
Images de gauche à droite :
- assis – debout – couché
- monter – descendre – lever les bras
- tourner sur soi-même – sauter – gesticuler – se déplacer.
- s'approcher – courir – tomber – se relever

→ **CAHIER D'EXERCICES**
- **En autonomie**: Pour travailler les verbes de mouvements, renvoyez vos apprenants aux exercices 11, 12 et 13 page 32.

- **En classe**: Faites faire les exercices 14 et 15 page 32 en petits groupes puis corrigez en groupe classe.

7. À deux, dessinez les autres verbes de mouvement du texte.

Objectif Amplifier le lexique des positions et mouvements.

Démarche Faites travailler par deux, en insistant pour que les dessins soient légendés, puis faites une mise en commun.

CORRIGÉS

7. Les autres verbes : se pencher – s'allonger – gesticuler – avancer

Regarder, comprendre et réagir

8. Regardez cet extrait de l'opéra *Les Contes d'Hoffmann*, de Jacques Offenbach. Qu'est-ce qui est surprenant dans la mise en scène? Échangez en classe.

Objectif Décrypter le « paratexte » d'une représentation, en l'occurrence les seuls mouvements des acteurs/personnages, le « texte » n'étant probablement que peu audible ou compréhensible.

Démarche Faites visionner la vidéo et laissez réagir spontanément, en demandant à ceux qui seraient spécialistes ou connaisseurs de ne pas intervenir encore.

CORRIGÉS

8. Les poupées géantes miment les mouvements de la chanteuse poupée.

9. Regardez une nouvelle fois la vidéo. Notez tous les mouvements de la chanteuse. Comparez votre liste avec celle d'un/e camarade.

Objectif Utiliser le lexique des mouvements pour décrire le comportement d'un personnage d'opéra.

Démarche Faites noter individuellement, puis tentez d'expliquer la raison d'un tel comportement. Aux éventuels spécialistes ou connaisseurs de votre classe d'intervenir pour signaler que le personnage est une poupée mécanique (renvoyez sur Internet pour en savoir plus).

CORRIGÉS

9. *Réponses possibles*
Se déplace sur demi-pointe – lève la jambe gauche puis la jambe droite – tourne sur elle-même – bouge – lève le bras droit – se penche – recule – saute – tombe – se relève – fait des cercles avec son bras droit – court – balance ses jambes.

69

LE MONDE 2.0 **UNITÉ 5**

DÉFI #03 NUMÉRIQUE
espacevirtuel.emdl.fr

Le défi #03 numérique de l'unité 5 consiste à présenter un outil ou une innovation technologique avec l'outil www.canva.com et organiser un débat.

La plateforme numérique espacevirtuel.emdl.fr propose un troisième défi à faire en fin d'unité. Cette tâche indépendante reprend les objectifs pédagogiques de l'ensemble de l'unité, elle représente un challenge pour les apprenants et a un caractère ludique. Elle ne vous demandera pas de temps de préparation en amont. Vos élèves trouveront sur l'Espace virtuel des outils TICE et des liens vers des sites pour faire tous les défis numériques. Avec ces outils, vos apprenants peuvent produire un contenu numérique, seuls ou en groupes, le commenter et le soumettre à la classe. L'Espace virtuel leur permet aussi de partager et d'envoyer leur production. Nous vous recommandons de constituer un mur Padlet dès le début de vos cours pour afficher toutes les tâches numériques réalisées au cours de l'année (voir fiche TICE de l'Espace virtuel > Padlet). Vous retrouvez également sur l'Espace virtuel d'autres fiches destinées aux enseignants pour mieux utiliser les outils TICE.

Rendez-vous sur espacevirtuel.emdl.fr

À consommer avec modération 06

DOSSIER 01 La jungle de l'information

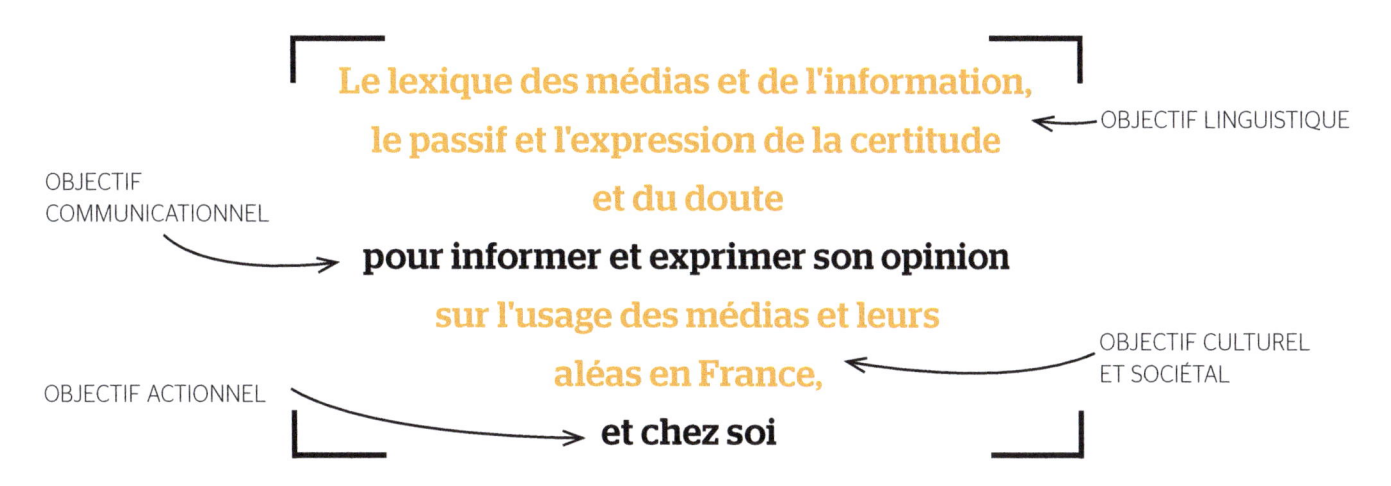

OBJECTIF COMMUNICATIONNEL

OBJECTIF LINGUISTIQUE

OBJECTIF CULTUREL ET SOCIÉTAL

OBJECTIF ACTIONNEL

Le lexique des médias et de l'information, le passif et l'expression de la certitude et du doute **pour informer et exprimer son opinion** sur l'usage des médias et leurs aléas en France, **et chez soi**

DOSSIER 01 | DÉCOUVRIR | P.86-87

Avant de lire

1. Est-ce que vous vous intéressez à l'actualité ? Comment vous informez-vous ? Échangez en petits groupes. SL2

Objectif Prendre conscience de ses propres intérêts et de ceux des autres en matière d'information.

Démarche Demandez d'abord à vos apprenants ce qu'on appelle « actualités » en français. Puis, laissez-les réagir aux deux questions, spontanément. La classe marque-t-elle un intérêt pour ce genre d'information ? Et plus particulièrement pour un média ?

2. Quelles rubriques lisez-vous dans le journal ? Dans quel ordre ?

Objectif Prendre conscience de ses propres intérêts et de ceux des autres en matière de types d'information.

Démarche Apportez un ou plusieurs journaux français en classe et faites-les observer : qu'appelle-t-on « rubrique » ? Faites repérer, dans les journaux distribués, les rubriques listées dans le manuel, puis faites établir la liste prioritaire des intérêts personnels par chacun. Des tendances se dessinent-elles dans la classe ?

3. Observez les infographies sur les Français et les médias, sans lire le texte. Puis, faites le profil du « Français type ». SL8

Objectif Utiliser le paratexte pour se faire une idée générale du contenu d'un document.

Démarche Suggérez à vos apprenants de ne regarder que la page de gauche, et de se focaliser sur les titres et les schémas : les français sont-ils intéressés par l'actualité ? Quel média préfèrent-ils et qu'y cherchent-ils ? Faites-les décrire le comportement des Français.

> **CORRIGÉS**
>
> **3.** Les Français aiment s'informer, recherchent une information fiable, pensent que les journalistes ne sont pas indépendants face aux partis politiques et que l'Éducation nationale a un rôle important d'éducation aux médias.

Lire, comprendre et réagir

4. Lisez les infographies. Quels points communs ou différences avez-vous avec les Français ? Échangez à deux.

Objectif S'approprier l'information précédente en la comparant à soi-même.

Démarche Suggérez à vos apprenants de continuer à ne regarder que la page de gauche, et, cette fois, d'entrer dans le détail des infographies pour se présenter eux-mêmes, comme ils l'ont fait pour les Français dans la question précédente.

97

UNITÉ 6 — À CONSOMMER AVEC MODÉRATION

5. À deux, listez les mots des infographies liées aux médias qui pourraient figurer dans le texte d'introduction. **SL 6**

Objectif Se construire une image mentale de l'essentiel du document.

Démarche Faites relire les textes (titres compris) des infographies et y repérer les mots-clés, d'abord à deux, puis en groupe classe et notez-les au tableau, après discussion.

> **CORRIGÉS**
>
> **5.** *Réponses possibles*
> Les moyens d'information – télévision – Internet – radio – presse – enseignement aux médias – information vérifiée.

6. Lisez le texte d'introduction. Entourez les mots-clés, puis comparez-les avec les vôtres. Échangez en classe.

Objectif Analyser et évaluer une introduction.

Démarche Comme pour l'activité 5, faites relire l'introduction et demandez de repérer les mots-clés, d'abord par deux, puis en groupe classe ; notez-les au tableau. Correspondent-ils à ceux relevés dans l'activité 5 ? Autrement dit, l'introduction est-elle bonne ? Pourquoi ? C'est une occasion de discuter sur ce qu'est une bonne introduction.

> **CORRIGÉS**
>
> **6.** *Réponses possibles*
> Moyens d'information – crédibilité – traitement médiatique – Fake news – fiabilité de l'information.

7. Lisez l'encadré *Ah bon ?!* Y a-t-il des informations qui vous surprennent ?

Objectif S'informer sur la liberté de la presse dans le monde.

Démarche Demandez à vos apprenants quel est le sujet de cet encadré et ce qu'il signifie, puis laissez réagir chacun leur tour, avec ou sans exemples à l'appui. Ensuite, renvoyez au schéma sur l'indépendance des journalistes.

8. Selon vous, quelle est la position de votre pays dans le classement de RSF ? Échangez en classe, puis vérifiez ensuite sur le site de RSF.

Objectif S'approprier une information (liberté de la presse) en l'appliquant à sa propre société.

Démarche Faites d'abord émettre des hypothèses, puis faites vérifier sur le site et réagir.

Écouter, comprendre et réagir

9. 🎧 19 Écoutez cet extrait de l'émission *Hashtag* sur France Culture. Quelles informations complémentaires entendez-vous sur les Français et les médias ? Échangez en classe. **SE**

Objectif Utiliser ses propres connaissances pour y greffer de nouvelles.

Démarche Faites écouter l'audio et précisez à vos apprenants qu'ils doivent relever uniquement les informations nouvelles par rapport à tout ce qui a déjà été appris en matière de traitement de l'information dans les médias.

> **CORRIGÉS**
>
> **9.** Les Français ont besoin des médias pour s'instruire et se cultiver – beaucoup de jeunes s'informent via les réseaux sociaux – beaucoup s'abonnent à des journaux en ligne – les lecteurs passent en moyenne 10 secondes par article – beaucoup lisent la presse en diagonale.

10. 🎧 20 Réécoutez le témoignage d'Ulysse. Entourez les médias qu'il consulte. Puis, reliez chacun à l'usage qu'il en fait.

Objectif Associer des comportements et des médias en se fondant sur une écoute.

Démarche Laissez travailler individuellement, puis corrigez tous ensemble. Ulysse a-t-il un comportement de « Français moyen » ?

> **CORRIGÉS**
>
> **10.** *Le Monde* – *Libération* – Twitter – radio
> Il l'écoute le matin dans les transports en commun : **radio**
> Il fait défiler les notifications de ces deux applications : **Twitter** – *Le Monde*
> Il lit surtout les titres des articles : **Twitter**
> Pour lire ces articles, il faut se concentrer : *Le Monde*
> Ces articles sont plus légers, plus faciles. Il les lit en diagonale : *Libération*

11. Quelles stations de radio écoutez-vous ? Quelles chaînes regardez-vous ? Quels quotidiens, hebdomadaires ou mensuels lisez-vous ? Échangez en petits groupes.

Objectif Prendre conscience de son propre usage des divers médias et en informer les autres.

Démarche D'abord, demandez à vos apprenants s'ils connaissent des médias français. Puis, laissez-les réfléchir individuellement aux médias qu'ils utilisent. Ensuite, faites échanger en donnant quelques explications.

À CONSOMMER AVEC MODÉRATION | **UNITÉ 6**

Mon panier de lexique

Quels mots liés à l'information voulez-vous retenir ? Écrivez-les.

Objectif Constituer un premier « trésor » de mots relatifs aux médias, lequel sera étendu en cours de leçon, pour déboucher sur une synthèse personnelle en fin d'unité.

Démarche Faites relire le document et en extraire les termes liés à l'information.

Vous pouvez également renvoyer vos apprenants sur espacevirtuel.emdl.fr où ils auront la possibilité de constituer un nuage de mots via https://wordart.com.

→ **CAHIER D'EXERCICES**
- **En autonomie** : Pour approfondir sur le thème des médias, renvoyez vos apprenants aux exercices 1, 2 et 3 page 46.

DOSSIER 01 | CONSTRUIRE ET (INTER)AGIR | P. 88-89

Avant de lire

1. Croyez-vous les informations qui circulent sur les réseaux sociaux ?

Objectif Prendre conscience de ses propres comportements et de ceux des autres en matière de confiance accordée aux réseaux sociaux.

Démarche Laissez réagir spontanément en grand groupe pour que chacun puisse se rendre compte des comportements d'autrui.

2. Quand vous avez un doute sur une information diffusée sur Internet, la vérifiez-vous ? Comment ? **SL2**

Objectif Prendre conscience de ses propres comportements et de ceux des autres en matière de vérification de l'information.

Démarche Laissez réagir spontanément en grand groupe pour que chacun puisse prendre conscience de méthodes qu'il ignorerait, et anticiper ainsi sur le propos du texte qui suit. Rien ne vous empêche de passer dès lors directement à l'activité 5, vous reviendrez aux activités 3 et 4 ensuite.

Lire, comprendre et réagir

3. Lisez l'encadré *Ah bon ?!* Quel est l'objectif du CLEMI ? Qu'en pensez-vous ? Existe-t-il un organisme similaire dans votre pays ? Faites des recherches si nécessaire. **SL8**

Objectif Repérer une information très explicite dans un texte très court.

Démarche Laissez vos apprenants lire l'encadré et répondre en grand groupe.

4. Lisez l'introduction et les deux premiers paragraphes. Qu'est-ce que le Décodex ? Pourquoi le CLEMI le présente-t-il ?

Objectif Repérer une information très explicite définie et décrite en divers endroits d'un texte.

Démarche Faites lire et souligner tous les passages concernés, puis mettez en commun.

> **CORRIGÉS**
>
> **4.** C'est un outil de vérification de l'information diffusée sur Internet. Le CLEMI veut protéger les jeunes internautes en les éduquant aux médias.

5. Lisez les conseils. Comparez votre façon de vérifier une information à celles données sur le site. Lesquelles testerez-vous une prochaine fois ?

Objectif Envisager une modification de ses comportements en fonction d'informations nouvelles à extraire du texte.

Démarche Demandez à chacun de vos apprenants de résumer en un mot chaque conseil, puis de choisir celui/ceux qu'ils pourraient adopter et faites une mise en commun.

6. Trouvez-vous le Décodex utile ? Existe-t-il un outil similaire dans votre pays ? Faites des recherches.

Objectif S'approprier l'information nouvelle en l'appliquant à son propre contexte.

Démarche Laissez d'abord réagir en fonction des connaissances éventuelles, puis incitez à faire des recherches sur Internet et mettez en commun.

99

UNITÉ 6 À CONSOMMER AVEC MODÉRATION

Travailler la langue

7. Observez les formes verbales dans les phrases suivantes. Que constatez-vous ? À quel élément donne-t-on de l'importance dans la deuxième phrase ?

Objectif Sensibiliser à la fonction du passif.

Démarche Ne vous contentez pas du seul exemple du manuel, mais multipliez-les en les choisissant de façon à montrer que le passif permet la mise en évidence de l'agent, ou sa disparition, selon l'intention du scripteur.

CORRIGÉS

7. Forme active et forme passive. Dans la deuxième phrase le COD devient le sujet. L'élément à qui l'on donne de l'importance est « les informations » (COD de la première phrase).

8. Complétez le tableau à l'aide de l'article.

Objectif Acquérir la construction de la fome passive.

Démarche Vous pouvez travailler en plusieurs étapes pour cet encadré. Tout d'abord, travaillez le renversement de perspective : focalisation (en place de sujet) de l'objet puis la formation de la forme verbale et, enfin, les expressions synonymes.

CORRIGÉS TABLEAU DE GRAMMAIRE

8. LA FORME PASSIVE
Le COD devient le sujet – le complément d'agent est précédé de la préposition **par**.
Le verbe à la forme passive se conjugue toujours avec l'auxiliaire **être** suivi du participe passé.
Avec un verbe pronominal
Se faire + infinitif
Ex. : *Elles se sont fait prendre la main dans le sac.*

➔ **CAHIER D'EXERCICES**
- **En autonomie** : Plusieurs exercices portent sur la voix passive, exercices 4, 5 et 6 pages 46 et 47.
- **En classe** : Faites faire en petits groupes, l'exercice 7 page 47.

Écouter, comprendre et réagir

9. Écoutez et imaginez ce qu'il s'est passé dans chaque situation, en utilisant la forme passive.
🎧 21

Objectif Inférer une information à partir de l'explicite du texte.

Démarche Faites écouter l'audio en entier, quitte à l'arrêter après chaque épisode, et faites noter ce que l'on peut déduire. Ensuite, confrontez les interprétations.

CORRIGÉS

9. *Réponses possibles*
   1. Un criminel est arrêté par un policier.
   2. L'avion est retardé par les pilotes.
   3. Le lot a été gagné par un participant.

10. Écoutez les quatre conversations. Laquelle parle de…
🎧 22

Objectif Apprendre à distinguer des types d'informations différentes.

Démarche Faites d'abord comprendre la nomenclature d'informations présentées dans le manuel en donnant des exemples de rumeur, de canular, etc. Puis, de mémoire si possible, faites qualifier les différents épisodes de l'écoute (si nécessaire, rappelez-les).

CORRIGÉS

10. Conversation 2 (une anecdote)
    Conversation 4 (une rumeur)
    Conversation 1 (un canular)
    Conversation 3 (une information)

11. Réécoutez, puis reliez les expressions que les personnes utilisent pour transmettre leur information.

Objectif Repérer des expressions précises dans une écoute.

Démarche Lisez d'abord tous ensemble les expressions, puis repassez l'audio et laissez cocher individuellement. Ensuite, faites la correction en groupe classe.

CORRIGÉS

11. N°1 : Tu as entendu la dernière à propos de…
    N°2 : Écoute ! Tu ne devineras jamais…
    N°3 : Dis donc, tu savais que…
    N°4 : Il faut absolument que je te dise quelque chose.

Produire et interagir

12. Partagez trois informations avec un/e camarade. Il/Elle y réagit.

Objectif Utiliser des expressions d'annonce d'informations (et de réactions de surprise) pour transmettre des nouvelles de divers types et réagir.

Démarche Incitez vos apprenants à préparer tout type d'informations, individuellement, comme s'ils étaient journalistes. Puis faites-les échanger, par deux, devant les autres. Profitez-en pour enrichir leur lexique d'expressions (*Tu ne sais pas quoi ? Tu rigoles ?! Non ?! Pas vrai ?! Sans blague ! Tu te fiches de moi ?! Tu te paies ma tête ou quoi ?! Tu me prends pour un idiot ?!*).

À CONSOMMER AVEC MODÉRATION | UNITÉ 6

13. À deux, racontez le parcours passé, présent et futur des photographies, à l'aide des étiquettes.

Objectif Utiliser la forme passive pour décrire le destin de photos de presse.

Démarche Faites choisir l'une des photos (ou en apporter une autre) et faites imaginer, individuellement, son parcours. Puis, comparez les résultats, tout en veillant à la correction grammaticale des énoncés.

14. Écrivez la légende de ces illustrations à la forme passive.

Objectif Utiliser la forme passive pour légender des dessins.

Démarche Faites légender individuellement, puis comparez les résultats.

> **CORRIGÉS**
>
> **14.** *Réponses possibles*
> Une bijouterie a été cambriolée – les contrats de mariage ont été signés.

15. À deux, rédigez des titres d'infox. Puis, lisez-les à la classe. Vos camarades corrigent vos affirmations.

Objectif Utiliser la forme passive pour imaginer des infox.

Démarche Faites inventer individuellement puis présenter à la classe qui réagira au moyen d'une des formules apprises.

DOSSIER 01 | CONSTRUIRE ET CRÉER | P. 90-91

Avant de lire

1. Quels mots forment le néologisme « infobésité » ? Selon vous, que signifie-t-il ? Échangez en classe. SL4

Objectif Émettre des hypothèses sur le sens d'un mot inconnu en recourant à sa formation.

Démarche Annoncez à vos apprenants que le texte qui suit traite de l'infobésité. Laissez vos apprenants réfléchir et faire des hypothèses sur le sujet du texte.

> **CORRIGÉS**
>
> **1.** Information et obésité – l'excès d'information reçue par une personne.

Regarder, comprendre et réagir

2. Regardez cette vidéo sur l'infobésité. Est-ce qu'elle illustre votre définition ? À quoi l'infobésité est-elle comparée ?

Objectif Vérifier les hypothèses précédentes en recourant à tout le contexte du mot.

Démarche Passez toute la vidéo et faites confirmer/infirmer les hypothèses précédentes. Le mot repose sur une métaphore ; faites-la expliquer. Puis demandez, en anticipant sur la question suivante, quel message la vidéo veut faire passer, autrement dit quelle est sa visée ? Et quelle est la phrase qui exprime ce message ?

> **CORRIGÉS**
>
> **2.** L'infobésité est comparée à la mauvaise alimentation (junk-food) que l'on consomme toute la journée sans vraiment prendre conscience du danger.

3. Comment comprenez-vous le slogan de la fin « reprenez le contrôle » ?

Objectif Paraphraser la visée d'un texte.

Démarche Faites expliquer les expressions *perdre/ prendre/avoir le contrôle de* et, donnez les exemples de sa voiture, d'une classe, de sa vie, de ses enfants et de son poids. Ensuite, faites expliquer *reprendre le contrôle de l'information, perdu à cause de quoi ou comment ?* et *donc que faire ?* ; ce qui amène à résumer la vidéo.

> **CORRIGÉS**
>
> **3.** Soyez maître de votre vie – décidez vous-même ce qui est bon pour vous et ne laissez pas la société choisir pour vous.

4. Selon vous, pourquoi cette vidéo française utilise-t-elle des mots anglais ? Est-ce qu'on les utilise dans votre langue ?

Objectif Inférer une explication à partir de ses connaissances du monde.

Démarche Laissez vos apprenants réfléchir ensemble.

> **CORRIGÉS**
>
> **4.** Car ce sont les mots que l'on voit quotidiennement lorsqu'on surfe sur Internet et sur les réseaux sociaux.

Retrouvez la vidéo et les activités sur espacevirtuel.emdl.fr

101

UNITÉ 6 À CONSOMMER AVEC MODÉRATION

Lire, comprendre et réagir

5. Survolez le texte. De quel type d'article s'agit-il ? **SL1**

Objectif Déterminer le genre d'un texte.

Démarche Faites observer les rubriques, titre et sous-titre et illustration (voire les premières phrases) et faire des hypothèses sur le type de texte (informer, raconter, exprimer une opinion) et sur son ton (sérieux, comique, ironique, polémique...). Quel est le mot qui désigne ce genre d'écrit ? Faites-le cocher, et profitez-en pour définir les autres genres proposés.

> **CORRIGÉS**
>
> **5.** Un billet d'humeur.

6. Lisez le texte. À votre avis, quels sont les objectifs de l'auteure ? Échangez en classe.

Objectif Déterminer la visée du texte.

Démarche Faites lire tranquillement et individuellement et formuler brièvement le but de l'auteure. Quelle phrase le résume le mieux ?

> **CORRIGÉS**
>
> **6.** Réduire sa consommation digitale, donner des astuces pour réduire sa consommation digitale, prendre conscience de la surcharge d'informations sur Internet.

7. À quoi l'auteure associe-t-elle l'infobésité ? Relevez les mots et expressions utilisés pour chaque domaine. Comparez avec un/e camarade.

Objectif Procéder à l'analyse stylistique du texte, particulièrement importante quand il s'agit d'un billet d'humeur.

Démarche Revenez sur votre analyse de la vidéo (activité 2) et l'idée de comparaison ou de métaphore, et réexpliquez cette figure de style. Demandez à vos apprenants de souligner dans une couleur les mots qui appartiennent au champ lexical de l'obésité et dans une autre couleur, ceux qui relèvent de celui de l'information excessive.

> **CORRIGÉS**
>
> **7.** Maladie numérique (perte de temps, fatigue mentale, baisse de l'activité cérébrale) – infodigestion (overdose numérique, alimentation médiatique, accro à l'actualité) – solution : autogestion (s'autogérer, consommer avec modération, réduire ma consommation digitale).

8. Quels comportements avez-vous en commun avec l'auteure ? Échangez en classe.

Objectif S'approprier l'information textuelle en l'appliquant à son propre comportement.

Démarche Faites relire individuellement et souligner une fois les verbes qui traduisent les comportements de l'auteure, et deux fois ceux qui sont partagés par l'apprenant lecteur. C'est peut-être le moment de mener une réflexion sur l'emploi de l'anglais (exponentiel dans ce texte) pour désigner les comportements numériques, et d'esquisser des traductions.

9. Que propose l'auteure pour lutter contre l'infobésité ? Avez-vous d'autres idées ? Échangez à deux.

Objectif Dégager des informations d'un type particulier (remèdes) dans un texte bavard et très peu structuré.

Démarche Faites remarquer à vos apprenants que l'auteure reconnaît elle-même qu'elle parle pour ne rien dire. Néanmoins, demandez-leur d'essayer de dégager les solutions proposées pour remédier à l'excès d'informations, et cherchez ensemble dans ce bavardage très oral, ce qui peut être la marque d'un billet d'humeur.

> **CORRIGÉS**
>
> **9.** Fermer les alertes de toutes les applications – réciter un mantra – faire une cure.

Travailler la langue

10. Quelles sont les expressions utilisées par l'auteure pour transmettre ses doutes et ses certitudes ? Soulignez-les de deux couleurs différentes.

Objectif Acquérir un lexique d'expressions du doute et de la certitude.

Démarche Faites repérer individuellement dans le texte, puis mettez en commun.

> **CORRIGÉS**
>
> **10. Exprimer ses doutes :** je ne suis pas sûre que – j'ai des doutes sur – je me doutais bien que – je doute que – je ne sais pas trop.
> **Exprimer ses certitudes :** je suis convaincue – je sais que – il est clair que.

11. Complétez les tableaux à l'aide des phrases soulignées.

Objectif Classer le lexique de l'expression du doute et de la certitude en fonction des formes, des sujets et du mode.

À CONSOMMER AVEC MODÉRATION — UNITÉ 6

Démarche Complétez tous ensemble en mettant en évidence les différences structurelles.

CORRIGÉS TABLEAU DE GRAMMAIRE

11. EXPRIMER LA CERTITUDE
- **être certain/e, sûr/e, convaincu/e de** + nom
Ex. : *Je suis convaincue des conséquences nocives de cette maladie numérique.*
- **savoir que** + phrase à l'indicatif
Ex. : *Je sais que je ne peux pas survivre sans Internet.*
- **il est certain, sûr, évident, clair que** + phrase à l'indicatif
Ex. : *Il est clair que je dois réduire ma consommation digitale.*

EXPRIMER LE DOUTE
- **ne pas être sûr/e, certain/e que** + phrase au subjonctif
Ex. : *Je ne suis pas sûre que le dernier symptôme soit correct.*
- **avoir des doutes sur** + nom
Ex. : *J'ai des doutes sur ma capacité à rompre complétement avec la Toile.*
- **douter que** + phrase au subjonctif
Ex. : *Je doute que vous ayez beaucoup appris.*
- **douter de** + nom
Ex. : *Je doute de mon envie de réussir.*
- **ne pas trop savoir**
Ex. : *Je ne sais pas trop.*
- **se douter** + phrase à l'indicatif
Ex. : *Je me doutais bien que c'était une mauvaise idée.*

→ **CAHIER D'EXERCICES**
- **En autonomie ou en classe** : Pour travailler l'expression de la certitude et du doute, renvoyez vos apprenants aux exercices 8, 9, 10 et 11 pages 47 et 48.

Produire et interagir

12. De quoi êtes-vous sûr/e ? De quoi doutez-vous ? Échangez en petits groupes sur les thèmes en étiquettes.

Objectif Utiliser les moyens d'expression du doute et de la certitude pour se décrire et mieux connaître les autres.

Démarche Faites d'abord préparer individuellement avant d'échanger.

13. À deux, décrivez cinq habitudes numériques vraies ou fausses. Votre camarade dit s'il/si elle vous croit ou non.

Objectif Utiliser le lexique des comportements numériques et les moyens d'expression du doute et de la certitude pour jouer à se décrire et mieux connaître les autres.

Démarche Faites d'abord préparer individuellement avant d'échanger par deux.

14. À deux, exprimez vos doutes et vos certitudes à propos des médias et des réseaux sociaux en 2050.

Objectif Utiliser le lexique du numérique et les moyens d'expression du doute et de la certitude pour exprimer son opinion à propos du futur des médias.

Démarche Faites d'abord préparer individuellement avant d'échanger par deux.

DÉFI #01
RÉDIGER UN FAIT DIVERS

Objectif Comme dans tous les défis, l'objectif est la mobilisation de toutes les ressources linguistiques installées dans le dossier 1 à savoir le lexique des médias et de l'information, le passif et l'expression de la certitude et du doute pour réagir à un fait divers (objectif actionnel).

Démarche Faites repérer un fait divers dans la presse du pays de vos apprenants sur Internet, si nécessaire et suggérez-leur de le prendre pour source d'inspiration. Pour rester dans la thématique et les ressources du dossier, dites-leur utiliser prioritairement les caractéristiques du fait divers travaillées dans l'unité et mentionnées dans les étapes du défi. Faites ensuite réagir la classe comme elle a appris à le faire tout au long du dossier, soit oralement, en grand groupe, soit par écrit, chacun à son tour (et vous affichez les faits divers et les réponses des lecteurs).

DÉFI #01 NUMÉRIQUE
espacevirtuel.emdl.fr
Ce défi existe également en version numérique dans laquelle les élèves peuvent présenter leur fait divers avec des images sur https://storybird.com/.
Rendez-vous sur espacevirtuel.emdl.fr

UNITÉ 6   À CONSOMMER AVEC MODÉRATION

DOSSIER 02   La publicité

OBJECTIF COMMUNICATIONNEL

Le lexique de la publicité, le discours rapporté au passé et les organisateurs textuels

OBJECTIF LINGUISTIQUE

pour mettre en garde contre les méfaits de la publicité

OBJECTIF ACTIONNEL

en France

OBJECTIF CULTUREL ET SOCIÉTAL

et chez soi

DOSSIER 02 | DÉCOUVRIR | P. 92-93

Avant de lire

1. **Qui utilise la publicité ? Pourquoi ? SL2**

   Objectif Mobiliser ses connaissances relatives à la publicité.

   Démarche Laissez vos apprenants réagir spontanément.

   > **CORRIGÉS**
   >
   > 1. *Réponses possibles*
   >   Les marques pour faire vendre des produits – des événements culturels pour faire leur promotion.

Lire, comprendre et réagir

2. **Observez les affiches de cette campagne publicitaire. Qui est l'annonceur ? De quoi s'agit-il ? Échangez en classe. SL1**

   Objectif Décrypter le contexte d'énonciation d'une publicité : qui ? Pour quoi ?

   Démarche Demandez à vos apprenants d'observer la publicité de la page 92 et de comparer ce qu'ils en déduisent, avec ce qu'ils ont dit de la publicité dans l'activité 1. Pareil ?

   > **CORRIGÉS**
   >
   > 2. La mairie de Paris – c'est une manière de dénoncer les pubs sexistes.

3. **Quels jeux de mots et dessins y voyez-vous ?**

   Objectif Inférer l'implicite d'un message à partir du texte explicite et des illustrations.

   Démarche Individuellement, demandez à vos apprenants de bien observer les dessins et les slogans et de déduire ce que la pub veut faire passer comme message. Ensuite, mettez en commun leurs inférences.

   > **CORRIGÉS**
   >
   > 1. Pub 1 : un aspirateur et une alliance.
   >   Pub 2 : un haut-parleur et une étiquette de produit (dévaloriser ≠ valoriser).

4. **Connaissez-vous des publicités qui valorisent un produit tout en dévalorisant les femmes ? Décrivez-les.**

   Objectif Confronter la visée de la pub avec ce que l'on connaît des publicités en général et donc en vérifier le bien-fondé.

   Démarche Laissez vos apprenants citer des exemples, mais exigez des descriptions ou explications.

5. **Lisez l'article. Qu'a fait la mairie de Paris ? Pourquoi ?**

   Objectif Repérer une information précise exprimée dans différents endroits d'un texte.

   Démarche Laissez souligner individuellement dans le texte, puis mettez en commun.

104

À CONSOMMER AVEC MODÉRATION UNITÉ 6

> **CORRIGÉS**
>
> 5. Elle souhaite lutter contre le sexisme dans l'espace public en empêchant les pubs sexistes sur les affichages municipaux.

6. Pensez-vous que cette initiative soit utile et efficace ? En existe-t-il de similaires dans votre pays ?

Objectif S'approprier une information extraite d'un texte en y réagissant cognitivement/ affectivement et en l'appliquant à son propre contexte.

Démarche Laissez réagir spontanément.

7. En petits groupes, échangez sur les publicités et slogans très connus de votre pays. Expliquez leur succès.

Objectif S'approprier une information extraite d'un texte en l'appliquant à son propre contexte.

Démarche Exigez des exemples concrets (voire des reproductions, photos, extraits de journaux) et faites faire leur analyse.

Regarder, comprendre et réagir

8. Regardez cette vidéo sur la résistance à la publicité réalisée à Lyon. Repérez les trois parties qui la composent, de quoi parlent-elles ?

Objectif Dégager la structure d'un reportage.

Démarche Faites visionner la vidéo une seule fois et demandez à vos apprenants de trouver des sous-titres pour les parties. Mettez en commun et discutez du bien-fondé des propositions de vos apprenants.

> **CORRIGÉS**
>
> 8. Partie 1 : Les chiffres de la publicité
> Partie 2 : Évolution de la publicité (écran vidéo)
> Partie 3 : Mobilisation contre le matraquage publicitaire

9. Regardez une nouvelle fois la vidéo, puis répondez aux questions et comparez avec un/e camarade.

Objectif Repérer un grand nombre d'informations diverses lors d'une écoute.

Démarche Faites d'abord bien comprendre les diverses questions posées, très différentes, puis faites visionner la vidéo et répondre individuellement. Enfin, comparez avec les réponses d'un/e camarade. Corrigez tous ensemble pour terminer.

Comme les questions sont très nombreuses et diverses, vous pouvez subdiviser cette activité en plusieurs étapes.

> **CORRIGÉS**
>
> 9. 1. Car aujourd'hui la publicité est omniprésente dans notre quotidien. (On reçoit 2 000 messages publicitaires par jour.)
> 2. Aujourd'hui, les publicités sont présentées sur des écrans vidéo – ces écrans consomment énormément d'énergie.
> 3. Leur objectif est qu'il y ait d'ici 2015 des panneaux et écrans publicitaires partout dans le monde – les citoyens peuvent se mobiliser localement, car les mairies peuvent mettre en place des règlements locaux de publicité.
> 4. « Réallumer les étoiles » – éteindre les enseignes le soir pour éviter le gaspillage énergétique.

10. Que pensez-vous des actions du RAP ? Échangez en classe.

Objectif S'approprier une information extraite d'un texte en y réagissant cognitivement/ affectivement.

Démarche Laissez vos apprenants réagir spontanément.

Retrouvez la vidéo et les activités sur espacevirtuel.emdl.fr

Mon panier de lexique

Quels mots pour parler de la publicité voulez-vous retenir ? Écrivez-les. Voulez-vous en connaître d'autres ?

Objectif Acquérir un premier bagage lexical relatif à la publicité.

Démarche Faites relire le texte et y souligner les mots jugés utiles pour parler de publicité. Mettez en commun et déterminez un noyau dur, à maîtriser par tous.

Vous pouvez également renvoyer vos apprenants sur espacevirtuel.emdl.fr où ils auront la possibilité de constituer un nuage de mots via https://wordart.com.

→ **CAHIER D'EXERCICES**
- **En autonomie** : Pour travailler les expressions idiomatiques et les proverbes, renvoyez vos apprenants aux exercices 12 et 13 page 48.

UNITÉ 6 À CONSOMMER AVEC MODÉRATION

DOSSIER 02 | CONSTRUIRE ET (INTER)AGIR | P. 94-95

Avant de lire

1. Selon vous, quel est l'impact des publicités sur les enfants ? Échangez en petits groupes. **SL2**

Objectif Mobiliser ses convictions (voire ses connaissances) relatives au sujet du texte qui suit.

Démarche Laissez s'instaurer une discussion générale.

Lire, comprendre et réagir

2. Lisez l'introduction. Reformulez-la avec vos propres mots.

Objectif Réduire une introduction à l'essentiel en la reformulant.

Démarche Faites d'abord expliquer le mot « malbouffe », très à la mode et fondamental dans le cas présent, puis demandez à vos apprenants d'imaginer qu'ils doivent annoncer l'intention de ce texte à des apprenants moins avancés qu'eux : comment la résumeraient-ils ?

> **CORRIGÉS**
>
> **2.** Malgré le nombre important d'enfants en surpoids en France, l'Assemblé nationale n'a toujours pas interdit les publicités alimentaires pour les enfants. De nombreux acteurs sociaux et politiques essaient de sensibiliser le plus grand nombre aux dangers de ces publicités.

3. Lisez l'article. Quels arguments démontrent l'influence de la publicité sur les enfants ? Êtes-vous d'accord avec ces arguments ?

Objectif Repérer tous les arguments à l'appui d'une thèse.

Démarche Faites souligner les arguments, individuellement, dans le texte et préparer une réaction pour chacun. Ensuite, faites une mise en commun.

> **CORRIGÉS**
>
> **3.** Une marque qui apparaît à la télévision est une marque que l'enfant va davantage apprécier. En douze ans la proportion de personnes obèses a doublé. Les publicités apprennent des habitudes alimentaires malsaines.

4. Êtes-vous influencé/e par la publicité ? Quels produits avez-vous déjà achetés après avoir vu une publicité ?

Objectif S'approprier l'information extraite d'un texte en l'appliquant à soi-même.

Démarche Si vos apprenants ont des enfants, demandez-leur de donner des exemples vécus de l'influence, ou non, de la publicité sur eux. Sinon, demandez-leur de se rappeler des souvenirs de leur propre enfance et même d'expliquer, exemples à l'appui, l'influence de la publicité sur eux-mêmes.

5. Dans votre pays, existe-t-il une réglementation de la publicité dans les médias ? Faites des recherches si nécessaire. En faut-il une selon vous ?

Objectif S'approprier l'information extraite d'un texte en l'appliquant à son pays.

Démarche Faites bien circonscrire le problème posé (plus général que celui de l'influence de la publicité sur la santé des enfants), puis expliquez ce que vos apprenants connaissent et, enfin, demandez de faire de plus amples informations.

→ **CAHIER D'EXERCICES**
- **En autonomie** : Pour approfondir sur le lexique de la publicité, renvoyez vos apprenants aux exercices 14, 15 et 16 page 48.

Travailler la langue

6. Dites si les affirmations suivantes sont vraies ou fausses. Justifiez votre réponse en soulignant les phrases dans l'article.

Objectif Repérer les verbes introducteurs.

Démarche Faites faire le relevé individuellement et faites une mise en commun en groupe classe.

> **CORRIGÉS**
>
> **6.** VRAI : « Les enfants sont souvent devant l'écran de télévision pendant les repas familiaux, de sorte qu'ils sont exposés à la publicité pour la malbouffe », a regretté dimanche le député Prud'homme.
> FAUX : « Une étude américaine a montré qu'un tiers des enfants obèses ne le serait pas devenu s'il n'y avait pas eu de publicité alimentaire à la télévision sur la malbouffe », note Didier Courbet.
> VRAI : « Plus les enfants prennent des habitudes alimentaires tôt, plus elles leur resteront quand ils seront adultes », nous précise Didier Courbet.
> VRAI : « On se souvient qu'on allait au McDo avec ses parents ou ses copains quand on était enfant », réplique Courbet.
> VRAI : « La société va y perdre, sur le plan humaniste et social », soupire Courbet.
> FAUX : pas de justification.

À CONSOMMER AVEC MODÉRATION | **UNITÉ 6**

7. Repérez dans l'article et dans l'activité précédente les verbes utilisés pour introduire les paroles des personnes. Puis, complétez le tableau.

Objectif Acquérir le lexique des verbes introducteurs du discours rapporté.

Démarche Faites compléter la liste des verbes introducteurs mais, surtout, prenez le temps de (faire) expliquer les nuances qu'ils expriment, car ils ne sont pas synonymes. Vous pouvez, par exemple, jouer à des substitutions dans le texte et (faire) expliquer ce que cela change.

CORRIGÉS TABLEAU DE GRAMMAIRE

7. LES VERBES INTRODUCTEURS
A déclaré - a précisé - a affirmé - a expliqué - a ajouté - a voulu savoir - a regretté - note - explique - précise - soupire
Préciser - expliquer - ajouter - confirmer - affirmer

---

8. Comment se traduisent ces verbes introducteurs dans votre langue ?

Objectif Poursuivre la sensibilisation précédente grâce à la traduction.

Démarche Laissez travailler individuellement, et mettez en commun, par langue.

9. Repérez les différences entre le discours direct (l'article) et le discours indirect (l'activité 7). Puis, complétez le tableau.

Objectif Acquérir la concordance des temps dans le discours rapporté.

Démarche Exposez vous-même les différences sur un exemple que vous travaillerez au tableau, en faisant varier les propositions principale/subordonnée, puis seulement faites compléter le tableau.

CORRIGÉS TABLEAU DE GRAMMAIRE

9. LE DISCOURS RAPPORTÉ AU PASSÉ

Temps du 2ᵉ verbe au discours direct	Temps du 2ᵉ verbe au discours indirect
présent	imparfait
passé composé	plus-que-parfait
imparfait	imparfait
plus-que-parfait	plus-que-parfait
futur simple	conditionnel
conditionnel	conditionnel

→ **CAHIER D'EXERCICES**
- **En autonomie**: Plusieurs exercices portent sur le discours indirect, exercices 17, 18, 19, 20 et 21 pages 49 et 50.

Produire et interagir

10. Sur une feuille, écrivez des commentaires sur la publicité. Mélangez-les et distribuez-les. Devinez qui a dit les phrases que vous avez reçues en variant les verbes introducteurs.

Objectif Utiliser verbes introducteurs et concordance des temps pour vérifier l'identité de l'énonciateur de paroles que l'on rapporte.

Démarche Dans un premier temps, faites écrire individuellement une réflexion sur la pub et mélangez les feuilles de tous les apprenants avant de les redistribuer. Puis, faites faire des hypothèses sur les énonciateurs des réflexions reçues en adaptant le verbe introducteur à la teneur du message.

11. Vous assistez à cette scène. À deux, imaginez ce que disent les personnes. Écrivez les dialogues.

Objectif Utiliser le discours direct pour légender un dessin.

Démarche Laissez travailler individuellement.

12. Changez de binôme, puis rapportez votre dialogue à un/e camarade d'un autre groupe.

Objectif Utiliser le discours indirect pour rapporter les légendes précédentes à autrui.

Démarche Faites commenter ses légendes par chacun, et faites vérifier la correction grammaticale par le groupe.

Écouter, comprendre et réagir

13. Divisez la classe en deux groupes. L'un sort, l'autre écoute le reportage. Prenez des notes. Expliquez ensuite ce qui a été dit à l'autre groupe, en variant les verbes introducteurs. **SE**

Objectif Rapporter les déclarations d'un reportage à une moitié de la classe qui ne l'a pas entendu.

Démarche Procédez comme indiqué, et faites éventuellement entendre la partie de reportage concernée au second groupe pour qu'il vérifie la pertinence de ce qui lui aura été rapporté.

14. Inversez les groupes. Écoutez le deuxième reportage. Puis, racontez ce qui a été dit à l'autre groupe.

Objectif Rapporter les déclarations d'un reportage à une moitié de classe qui ne l'a pas entendu.

Démarche Procédez comme pour l'activité précédente.

UNITÉ 6 À CONSOMMER AVEC MODÉRATION

DOSSIER 02 | CONSTRUIRE ET CRÉER | P. 96-97

Avant de lire

1. Recevez-vous de la publicité dans votre boîte aux lettres postale ? La lisez-vous ?

Objectif Prendre conscience de ses propres comportements et de ceux des autres sur la réception de la publicité postale.

Démarche Laissez s'exprimer spontanément, mais demandez les raisons des réactions rapportées.

2. Que peut-on faire pour recevoir moins de publicité postale et numérique ? **SL2**

Objectif Mobiliser les connaissances sur des moyens d'endiguer la pub, postale et numérique.

Démarche Laissez les idées s'exprimer librement.

> **CORRIGÉS**
>
> **2.** *Réponses possibles*
> mettre un mot sur la boîte aux lettres – se désabonner par email.

Lire, comprendre et réagir

3. Observez la photo. D'où vient l'autocollant sur la boîte aux lettres ? Quelle est son intention ? **SL1**

Objectif Faire des hypothèses sur le contexte d'un texte (qui ? Pour quoi ?).

Démarche Émettez des hypothèses tous ensemble.

> **CORRIGÉS**
>
> **3.** L'autocollant vient du ministère de la Transition écologique et solidaire – il a pour but de réduire les déchets papier.

4. Lisez le post. Que propose la blogueuse ? Pourquoi ?

Objectif Déterminer la visée d'un texte.

Démarche Laissez le temps de lire, puis écoutez les réponses spontanées.

> **CORRIGÉS**
>
> **4.** Elle propose d'interpeller les entreprises qui ne respectent pas la loi.

5. Lisez la lettre type. Relevez les arguments contre la publicité papier. Êtes-vous d'accord ?

Objectif Relevez les arguments à l'appui du refus de la pub dans les boîtes aux lettres.

Démarche La lecture est cette fois plus complexe, la structure du texte n'étant pas toujours limpide. Laissez donc le temps nécessaire à chacun pour distinguer (en coupant, voire en utilisant diverses couleurs ou formes de soulignage) des arguments d'ordre divers. Ensuite, mettez en commun.

> **CORRIGÉS**
>
> **5.** Les personnes ne lisent pas les prospectus reçus contre leur gré – ces imprimés sont jetés à la poubelle – consomme beaucoup de ressources.

6. Existe-t-il une pratique similaire dans votre pays ? Si oui, est-elle respectée et soutenue par les autorités ?

Objectif S'approprier l'information extraite d'un texte en l'appliquant à son propre pays.

Démarche Laissez vos apprenants dire spontanément ce qu'ils savent de la question, voire faire des recherches.

Travailler la langue

7. Relisez la lettre et retrouvez à quelle partie correspondent les éléments suivants. Puis, numérotez-les dans l'ordre.

Objectif Acquérir la structure type d'une lettre.

Démarche Faites d'abord travailler individuellement, puis corrigez en groupe classe.

> **CORRIGÉS**
>
> **7.** 1. Rappel de la loi : 4
> 2. Présentation des faits : 2
> 3. Formule d'appel : 1
> 4. Explication en détail du problème : 3
> 5. Demande : 5
> 6. Formule de politesse : 6

108

À CONSOMMER AVEC MODÉRATION **UNITÉ 6**

Écouter, comprendre et réagir

8. Écoutez l'introduction de l'exposé sur l'influence de la publicité sur les enfants. Repérez les trois parties de l'exposé.
🎧 25

Objectif Repérer la structure d'un exposé.

Démarche Laissez le temps de travailler individuellement, en insistant sur le fait qu'il ne faut pas tout comprendre, mais l'essentiel de chaque partie.

> **CORRIGÉS :**
>
> **8.** Sujet : l'influence de la publicité sur les enfants
> Partie 1 : les idées principales d'un article de *20 minutes*. Partie 2 : opinion. Partie 3 : effets positifs de la publicité sur les enfants.

9. Écoutez la suite de l'exposé. Prenez des notes puis comparez-les avec celles d'un/e camarade.
🎧 26

Objectif Se construire une représentation mentale de l'essentiel d'un texte (pas de détails).

Démarche À nouveau, laissez travailler individuellement, dans le but de noter ce qui permettra de synthétiser le texte.

10. Réécoutez l'exposé pour compléter vos notes. Puis, mettez-les en commun pour reconstituer le plan de l'exposé.

Objectif Se construire une représentation mentale de l'essentiel d'un texte (pas de détails).

Démarche Après avoir revu ses propres notes, invitez chacun à les comparer avec celles d'un/e camarade, de façon à aboutir à une synthèse commune.

> **CORRIGÉS**
>
> **10. Effets négatifs** (article *20 minutes*) : la pub incite les enfants à acheter des produits mauvais. Avant 7 ans, l'enfant ne fait pas la différence entre une info et une pub. Les enfants vont avoir tendance à surconsommer en regardant les publicités.
> **Opinion** : c'est important de protéger les enfants – empêcher les enfants de voir une pub ne leur apprend pas à consommer, il faut les préparer – il faut que les parents aident les enfants à déconstruire certaines croyances présentes dans les pubs.
> **Effets positifs** : certaines pubs apprennent à manger plus sainement.

Travailler la langue

11. Lisez la transcription de l'exposé page 180. Soulignez les mots et expressions pour le structurer. Puis, complétez l'encadré.

Objectif Acquérir un lexique d'organisateurs textuels.

Démarche Faites d'abord travailler individuellement, puis discutez tous ensemble.

> **CORRIGÉS ENCADRÉ DE LEXIQUE**
>
> **11.** STRUCTURER UN EXPOSÉ ÉCRIT OU ORAL
> D'abord - ensuite - enfin - premièrement - deuxièmement - troisièmement - ainsi - c'est pourquoi - cependant - dans la troisième partie - bien que - par exemple - en effet - en conclusion
>
> • Pour annoncer un plan, un développement
> Je vais **vous parler de** + sujet de l'exposé
> Le premier point, c'est… / Le deuxième, c'est…
> Premièrement/**Deuxièmement**/**Troisièmement** + phrase
> D'abord / Après / Puis / Ensuite / Enfin + phrase
> Dans ce dernier point / Dans la troisième partie + phrase
> • Pour expliquer
> C'est pourquoi / Ainsi / En effet
> • Pour conclure
> En définitive / En résumé / **En conclusion** + phrase
> **Pour conclure** / **Pour finir** / **Finalement** + phrase
> • Pour donner un exemple
> Comme / **Par exemple** + phrase
> • Pour citer
> Comme dit XX : « … »

➜ **CAHIER D'EXERCICES**
• **En autonomie** : Faites réaliser l'exercice 22 page 50.

Produire et interagir

12. À deux, imaginez que vous êtes membres d'une association antipub. Élaborez un plan d'action pour la Journée mondiale contre la pub. Présentez-le à la classe.

Objectif Utiliser les organisateurs textuels pour structurer un texte.

Démarche Faites d'abord réfléchir aux actions prévues, puis seulement élaborer un plan. Ensuite, faites répéter la présentation, laquelle comprendra les organisateurs textuels.

109

UNITÉ 6 — À CONSOMMER AVEC MODÉRATION

13. Divisez la classe en deux groupes : l'un est pour la suppression de la publicité dans l'espace public, et l'autre est contre. Préparez vos arguments. Organisez ensuite un débat autour du sujet.

Objectif Utiliser les organisateurs textuels pour structurer une argumentation.

Démarche Faites deux groupes et demandez-leur de réfléchir aux arguments pour et contre et de les lister. Ensuite, lancez le débat.

CORRIGÉS

13. *Réponses possibles*
Arguments pour la suppression : pollue le paysage visuel – affecte le tourisme – discrimination sociale (les quartiers les plus pauvres sont les plus touchés) – entrave à la liberté de choix.
Arguments contre la suppression : ces affiches ramènent de l'argent dans les caisses de l'État – un élément de développement économique – fournissent des services publics aux citoyens (un abribus, par exemple).

DÉFI #02 — FAIRE UN EXPOSÉ

Objectif L'objectif linguistique du deuxième défi de l'unité 6 vise la mobilisation des ressources installées dans les pages précédentes à savoir le lexique de la presse et de la publicité, le passif et le discours rapporté, des moyens d'expression du doute ou de la certitude et des organisateurs textuels.
D'un point de vue actionnel, les apprenants sont invités à se positionner personnellement par rapport aux informations lues au cours des unités antérieures.

Démarche Prévoyez un bon moment de préparation, la tâche étant ardue : réflexion d'abord, puis structuration, voire même répétition préalable à la présentation, de façon à bien maîtriser l'usage des organisateurs textuels. Puisque l'on demande de travailler par deux, faites aussi prévoir la répartition de la prise en charge orale des parties.

DÉFI #02 NUMÉRIQUE
espacevirtuel.emdl.fr
Ce défi existe également en version numérique dans laquelle les élèves peuvent créer leur exposé sur www.genial.ly/fr
Rendez-vous sur espacevirtuel.emdl.fr

À CONSOMMER AVEC MODÉRATION | UNITÉ 6

S'APPROPRIER LES MOTS | P. 98

Les mots assortis

1. Complétez les séries avec vos mots.

Objectif Réutiliser les collocations vues dans l'unité pour parler de l'information.

Démarche Laissez d'abord travailler individuellement de mémoire, ou par retour sur l'unité, puis mettez en commun.

CORRIGÉS

1. donner – chercher – trouver – vérifier – repérer une information
regarder une vidéo – les informations – la télévision

Mes mots

2. Faites une liste de tous les médias à votre disposition pour vous informer.

Objectif Revoir le champ lexical des médias.

Démarche L'activité devrait pouvoir être réalisée de mémoire, et ce lexique exigible pour chacun. Laissez travailler seuls, puis corrigez tous ensemble.

CORRIGÉS

2. *Réponses possibles*
Télévision – radio – Internet

3. Quelle(s) rubrique(s) d'un quotidien lisez-vous ?

Objectif Revoir le champ lexical des rubriques de journaux pour parler de l'usage personnel que l'on en fait.

Démarche Laissez chacun revoir le lexique des rubriques de médias pour l'appliquer à ses propres projets, puis faites mettre en commun.

4. Écrivez les différentes parties qui composent un article.

Objectif Revoir le champ lexical des parties d'article.

Démarche L'activité devrait pouvoir être réalisée de mémoire. Laissez travailler seuls, puis corrigez tous ensemble.

CORRIGÉS

4. Titre – chapô – titre de paragraphe – conseils / recommandations

5. De quel type de document de presse s'agit-il ? Retrouvez-les grâce aux définitions.

Objectif Revoir le champ lexical des genres d'articles de presse à partir de leur définition.

Démarche Laissez travailler seuls, de mémoire, puis corrigez tous ensemble.

CORRIGÉS

5. Un article
Un article d'opinion
Un billet d'humeur
Une interview
Le courrier des lecteurs
Un fait divers

6. Que permet de faire la publicité ? Complétez.

Objectif Réutiliser des collocations vues dans l'unité pour parler de l'information

Démarche Laissez d'abord travailler individuellement de mémoire, ou par retour sur l'unité, puis mettez en commun.

CORRIGÉS

6. La pub fait vendre des produits – fait passer un message – fait changer les mentalités.

7. Voici des abréviations. Retrouvez les mots entiers.

Objectif Reconnaître des abréviations relatives au lexique de l'unité.

Démarche Laissez travailler seuls, puis corrigez tous ensemble.

CORRIGÉS

7. La télévision – une information – une publicité – une photographie – la consommation.

UNITÉ 6 — À CONSOMMER AVEC MODÉRATION

DÉFI #03 NUMÉRIQUE
espacevirtuel.emdl.fr

Le défi #03 numérique de l'unité 6 consiste à présenter une affiche ou une campagne de publicité réalisée par une ONG ou une association sur https://infogram.com. Puis, organisez une discussion autour de cette publicité

La plateforme numérique espacevirtuel.emdl.fr propose un troisième défi à faire en fin d'unité. Cette tâche indépendante reprend les objectifs pédagogiques de l'ensemble de l'unité, elle représente un challenge pour les apprenants et a un caractère ludique. Elle ne vous demandera pas de temps de préparation en amont. Vos élèves trouveront sur l'Espace virtuel des outils TICE et des liens vers des sites pour faire tous les défis numériques. Avec ces outils, vos apprenants peuvent produire un contenu numérique, seuls ou en groupes, le commenter et le soumettre à la classe. L'Espace virtuel leur permet aussi de partager et d'envoyer leur production. Nous vous recommandons de constituer un mur Padlet dès le début de vos cours pour afficher toutes les tâches numériques réalisées au cours de l'année (voir fiche TICE de l'Espace virtuel > Padlet). Vous retrouvez également sur l'Espace virtuel d'autres fiches destinées aux enseignants pour mieux utiliser les outils TICE.

Rendez-vous sur espacevirtuel.emdl.fr

Planète pas nette

07

DOSSIER 01 Les déchets

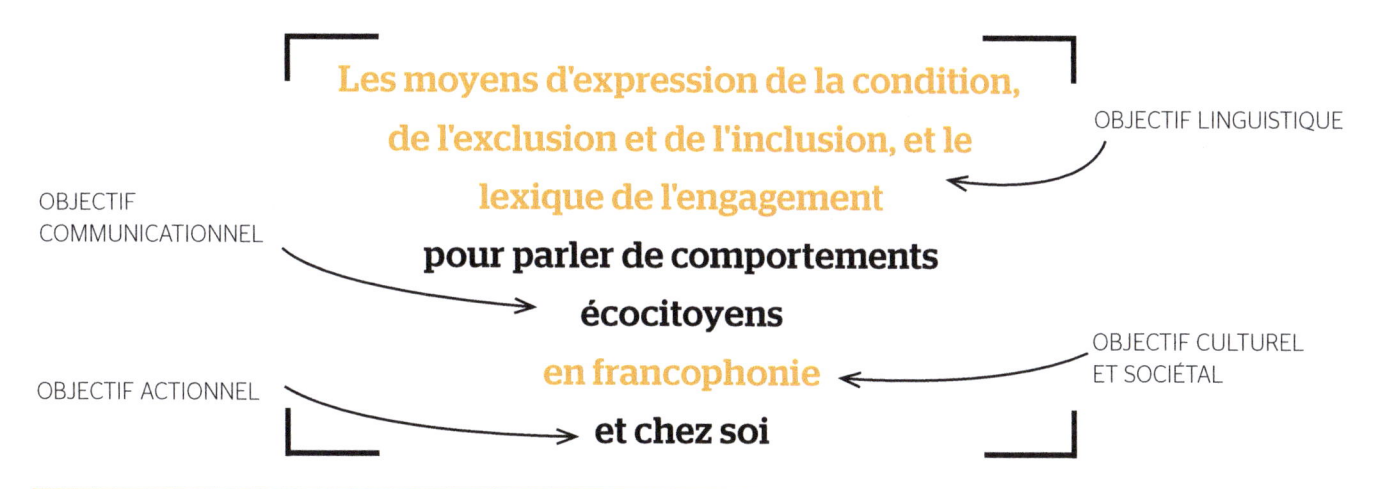

OBJECTIF COMMUNICATIONNEL

Les moyens d'expression de la condition, de l'exclusion et de l'inclusion, et le lexique de l'engagement → OBJECTIF LINGUISTIQUE

pour parler de comportements écocitoyens

en francophonie ← OBJECTIF CULTUREL ET SOCIÉTAL

OBJECTIF ACTIONNEL → **et chez soi**

DOSSIER 01 | DÉCOUVRIR | P. 100-101

Avant de lire

1. À votre avis, qu'est-ce qu'un «homo detritus» et un «homo recyclus»? **SL1**

Objectif Émettre des hypothèses sur le sens des néologismes et la visée d'un document.

Démarche Signalez d'abord que les deux mots sont des inventions, sur le modèle de « homo sapiens » ou « homo erectus », le ton un peu ironique, mais aussi le sérieux d'une mise en perspective historique.
Faites observer la structure de la page de gauche, le titre et les deux sous-titres, et également le radical des deux mots et laissez s'exprimer les hypothèses sur le sens de ces deux mots.

> **CORRIGÉS**
>
> **1.** *Réponses possibles*
> « homo detritus » : une personne qui détruit l'environnement avec ses déchets. « homo recyclus » : une personne qui trie et recycle ses déchets.

Lire, comprendre et réagir

2. À deux, choisissez chacun une infographie de la page de gauche et commentez-la à l'autre.

Objectif Repérer les mots/concepts clés d'une définition.

Démarche Expliquez qu'il s'agit de définir en quelques mots le comportement de «l'homo» choisi et laissez travailler par deux. Ensuite, faites échanger et percevoir les différences.

3. Lisez les deux textes. Faites le portrait des deux types de personne.

Objectif Repérer les éléments qui définissent les deux comportements.

Démarche Attention, l'activité est plus difficile qu'il n'y paraît, les textes étant peu structurés et parfois répétitifs. Demandez alors à vos apprenants de ne pas répéter les informations mais de les ordonner. Le recours à la nominalisation pourrait permettre d'être succinct, mais c'est difficile (vous anticiperez néanmoins sur l'un des objectifs linguistiques de l'unité).

> **CORRIGÉS**
>
> **3.** Homo detritus : ce qu'elles ne savent pas (l'impact désastreux du plastique sur la planète).
> ce qu'elles font (recyclent si cela demande peu d'effort) - ce qu'elles ne font pas (ne participent pas à une initiative citoyenne).
> Homo recyclus : ce qu'elles savent (en triant ses déchets, elles consomment moins de pétrole – fabriquer un emballage consomme plus d'énergie que le recycler – 90 % des déchets marins sont composés de plastique) - ce qu'elles font (font des efforts pour réduire leurs déchets).

4. Lisez les bulles de chaque personnage. Que diraient l'homo detritus et l'homo recyclus dans votre langue? **SL8**

Objectif Acquérir des expressions figées pour exprimer divers actes de langage.

Démarche Faites d'abord bien percevoir l'acte de langage véhiculé par ces expressions :

113

UNITÉ 7 PLANÈTE PAS NETTE

– dans la première bulle: les unes visant à minimiser (*c'est pas grave, ça va pas nous tuer*) les autres à se débiner (*c'est pas ma faute / mon problème, et alors?, tant pis*).
– dans la deuxième bulle: les unes visant à minimiser (*c'est ma petite contribution, c'est la moindre des choses*), les autres à motiver (*il faut se mobiliser, ça vaut la peine, ou mauvaise conscience*).
Ensuite, laissez trouver des équivalents dans leurs langues maternelles et faite une mise en commun. Insistez sur le fait qu'il ne s'agit pas de traductions mot à mot, mais d'équivalents.

5. Pensez-vous qu'on puisse être à la fois homo recyclus et homo detritus? Échangez en classe.

Objectif Réagir cognitivement à l'information extraite d'un texte.

Démarche Laissez réagir spontanément mais en donnant des exemples à l'appui de l'avis émis.

Écouter, comprendre et réagir

6. Que désignent les expressions «continent de plastique» ou «8ᵉ continent». Échangez en petits groupes.

Objectif Émettre des hypothèses sur le sens d'expressions imagées.

Démarche Faites repérer la première expression dans le premier petit texte, puis tentez d'expliquer les deux images, en groupe. Vous ferez vérifier la deuxième expression lors du visionnage de la vidéo.

> **CORRIGÉS**
>
> **6.** C'est un continent composé uniquement de déchets plastique.

7. Regardez la vidéo sans le son. Quelles informations les images vous apportent-elles?

Objectif Exploiter le «paratexte» d'un enregistrement.

Démarche Passez la vidéo et invitez vos apprenants à inférer des images: le sujet de la vidéo, sa visée, voire des informations plus précises encore.

> **CORRIGÉS**
>
> **7.** *Réponses possibles*
> Les déchets plastique des différents continents se retrouvent tous dans les mers et océans du monde.
> Les poissons meurent à cause du plastique dans leur estomac.
> Des machines sont installées dans les océans pour aspirer les déchets plastique.
> Le plastique met 450 ans à se décomposer.
> Il faut utiliser des produits durables au quotidien.

8. Regardez une deuxième fois la vidéo avec le son. Dites si les affirmations suivantes sont vraies ou fausses.

Objectif Vérifier sa compréhension d'une écoute.

Démarche Faites d'abord lire tranquillement les différentes affirmations (voire, déjà y répondre, de mémoire), puis repassez la vidéo et laissez réagir individuellement au fur et à mesure. Corrigez en groupe classe.

> **CORRIGÉS**
>
> **8.** • FAUX (le continent de plastique s'est formé il y a des dizaines d'années.)
> • VRAI (le 8ᵉ continent est constitué de cinq poubelles géantes.)
> • VRAI (le 8ᵉ continent a été découvert par hasard en 1997 dans le Pacifique Nord.)
> • FAUX (une bouteille en plastique mettrait 450 ans à disparaître.)

Retrouvez la vidéo et les activités sur **espacevirtuel.emdl.fr**

➜ **CAHIER D'EXERCICES**
• **En autonomie**: Plusieurs exercices portent sur le lexique du recyclage, exercices 1, 2, 3, 4, 5 et 6 page 54.

Mon panier de lexique

Quels mots de ces pages voulez-vous retenir? Écrivez-les.

Objectif Conscientiser l'acquisition lexicale réalisée inconsciemment lors des activités de compréhension antérieures et la fixer.

Démarche Faites revenir sur les infographies et les textes et y souligner les mots et les expressions jugés utiles pour parler de la protection de la planète. Mettez en commun, au tableau, où vous soulignerez les mots dont vous jugerez la mémorisation incontournable.

Vous pouvez également renvoyer vos apprenants sur **espacevirtuel.emdl.fr** où ils auront la possibilité de constituer un nuage de mots via https://wordart.com.

PLANÈTE PAS NETTE | UNITÉ 7

DOSSIER 01 | CONSTRUIRE ET (INTER)AGIR | P. 102-103

Avant de lire

1. Chez vous, le tri sélectif existe-t-il ? Le pratiquez-vous ? En connaissez-vous toutes les règles ? Échangez en classe. **SL 2**

Objectif Mobiliser ses connaissances et expériences pour mieux se préparer à la lecture du texte suivant.

Démarche Laissez vos apprenants s'éclairer mutuellement sur ce qu'est le tri, qui le pratique et comment.

Lire, comprendre et réagir

2. Lisez l'introduction. Comment comprenez-vous l'expression « casse-tête » pour parler du tri sélectif ? **SL 6**

Objectif Faire une hypothèse sur le sens d'une expression en s'appuyant sur le contexte.

Démarche Demandez d'abord à vos apprenants de souligner dans le texte les critères de tri et de reformuler les conditions de recyclage. Ce ne sera probablement pas facile… conduisez-les alors à expliquer l'expression « casse-tête ».

CORRIGÉS

2. C'est très compliqué de trier ses déchets, car les règles ne sont pas les mêmes partout et que les objets ne sont pas tous recyclables.

3. Faites le test. Êtes-vous surpris par votre résultat ?

Objectif Cumuler une compréhension de l'essentiel (de la question) et du détail (des A/B).

Démarche Laissez le temps de bien lire et répondre, individuellement, puis de lire le résultat et d'y réagir en grand groupe. Attirez l'attention sur le fait que la différence entre A et B réside souvent dans un détail, à bien percevoir (si ceux-ci posent un problème de compréhension, aidez-les ; pour le reste, non).

4. La communication de la mairie de Cuges sur le tri sélectif vous semble-t-elle pertinente et efficace ? Échangez en classe.

Objectif Juger de la qualité de l'information fournie par le biais d'un test.

Démarche Demandez d'abord un avis général, puis faites travailler rubrique par rubrique pour faire expliquer ce qui est bon/mauvais (vous entrerez ainsi dans une compréhension fine du document).

CORRIGÉS

4. *Réponses possibles*
Oui, pour faire prendre conscience aux gens de leur connaissance ou de leur méconnaissance en matière de recyclage.

5. À votre avis, pourquoi certaines personnes ne pratiquent-elles pas le tri sélectif ?

Objectif Prendre du recul par rapport à une pratique qui ne s'installe pas facilement.

Démarche Laissez discuter en grand groupe, spontanément.

CORRIGÉS

5. *Réponses possibles*
Car c'est trop compliqué – car elles ne se soucient pas de l'impact environnemental – car elles n'y pensent pas.

6. Lisez l'encadré *Ah bon ?!* Partagez-vous l'opinion des Français ?

Objectif S'approprier une information en se l'appliquant à soi-même.

Démarche Laissez discuter en grand groupe, spontanément.

Travailler la langue

7. Repérez dans le test les mots qui expriment une condition, puis complétez le tableau.

Objectif Acquérir les moyens de l'expression de la condition.

Démarche Faites d'abord repérer dans le test les expressions de la condition. Puis, seulement, faites remplir le tableau ou, mieux, construisez-en un vous-même, au tableau, avec vos apprenants.

CORRIGÉS TABLEAU DE GRAMMAIRE

7. EXPRIMER LA CONDITION
À condition que (4 fois) – à condition de (2 fois) – sinon – si et s' (6 fois)
• **À condition de** + infinitif
Ex. : *On peut jeter les bouteilles en plastique dans les containers à condition de les compresser.*
• **À condition que** + phrase au subjonctif
Ex. : *On peut déposer dans des containers tous les vêtements à condition qu'ils soient propres et secs.*
• **Si** + phrase à l'indicatif
Ex. : *On peut aussi y déposer des chaussures si elles sont attachées par paires.*
• **Sinon** + phrase à l'indicatif
Ex. : *Il ne faut pas jeter les huiles alimentaires dans les canalisations sinon ça les bouche.*

UNITÉ 7 — PLANÈTE PAS NETTE

→ **CAHIER D'EXERCICES**
- **En autonomie** : Pour travailler l'expression de la condition, renvoyez vos apprenants aux exercices 7 et 8 page 55.

8. Repérez dans le test les mots qui expriment l'exclusion, puis complétez le tableau.

Objectif Acquérir les moyens de l'expression de l'exclusion.

Démarche Faites d'abord repérer dans le test les expressions de l'exclusion. Ensuite, faites remplir le tableau. Vous pouvez aussi le construire vous-même, au tableau, avec vos apprenants.

CORRIGÉS TABLEAU DE GRAMMAIRE

8. EXPRIMER L'EXCLUSION
Sauf si – excepté si – sans – sauf si – à l'exception des – sauf – sauf si – exclus
- **Sauf si / à part si / excepté si** + phrase
Ex. : *Le verre est une des seules matières recyclables à l'infini sauf s'il est cassé.*
- **Sauf / à part / excepté** + nom
Ex. : *Les papiers sont presque toujours recyclés sauf les papiers photos.*
- **À l'exception de** + nom
Ex. : *On peut jeter les bouteilles en plastique dans les containers à l'exception des bouteilles compressées.*
- **Sans** + infinitif ou infinitif passé
Ex. : *Dans la poubelle jaune, on peut jeter les emballages en plastique sans les avoir lavés avant.*
- **Nom + exclus**
Ex. : *Le cuir et la fourrure exclus.*

---

9. Repérez dans le test les mots qui expriment l'inclusion, puis complétez le tableau.

Objectif Acquérir les moyens de l'expression de l'inclusion.

Démarche Faites d'abord repérer dans le test les expressions de l'inclusion. Ensuite, seulement, faites remplir le tableau ou, mieux, construisez-en un vous-même, au tableau, avec vos apprenants.

CORRIGÉS TABLEAU DE GRAMMAIRE

9. EXPRIMER L'INCLUSION
y compris (4 fois) – aussi – inclus
- **Y compris** + nom
Ex. : *L'acier ou l'aluminium sont recyclables y compris les capsules de café.*
- **Nom + inclus**
Ex. : *On met dans la poubelle « carton » tous les cartons, les emballages sales inclus.*
- **Nom ou verbe + aussi**
Ex. : *Dans la poubelle pour le recyclage plastique, on peut aussi jeter les briques alimentaires.*

→ **CAHIER D'EXERCICES**
- **En autonomie** : Pour approfondir sur l'expression de l'exclusion et de l'inclusion, renvoyez vos apprenants à l'exercice 9 page 55.

Écouter, comprendre et réagir

10. Écoutez le dialogue entre un jeune homme et une dame âgée dans le local à poubelles de leur immeuble à Paris. Qui est le/la mieux informé/e ? Pourquoi ?

Objectif Écoutez, non pour s'approprier des informations, mais pour juger de la qualité/quantité de ces dernières par rapport aux intervenants (situation de vie fréquente).

Démarche Avant de passer l'audio, faites bien prendre conscience de l'objectif, puis susciter la discussion avec preuves à l'appui.

CORRIGÉS

10. La dame âgée car pour faire travailler sa mémoire, elle a appris toutes les règles du recyclage par cœur.

---

11. Réécoutez, puis écrivez sur chaque poubelle ce que l'on doit y jeter.

Objectif Repérer dans une écoute diverses informations éparses.

Démarche Essayez d'abord de faire répondre sans deuxième écoute, de mémoire « involontaire », puis repassez l'audio.

CORRIGÉS

11. Poubelle verte : cartons sales – sac-poubelle.
Poubelle jaune : bouteilles en plastique – cartons – conserves
Poubelle blanche : le verre.

Produire et interagir

12. À deux, écrivez les conditions nécessaire pour réutiliser ou recycler...

Objectif Utiliser les moyens d'expression de la condition pour parler de recyclage d'objets pas encore évoqués.

Démarche Pour que l'activité acquière un intérêt culturel, demandez à vos apprenants de répondre en fonction de ce qui se passe chez eux (par exemple : *en Belgique, on peut recycler ses meubles chez « Troc », à condition qu'ils soient encore en bon état ; tu apportes ton meuble, Troc l'évalue et s'il le vend, tu obtiens la moitié du prix*).

CORRIGÉ

12. *Réponses possibles*
On peut revendre nos vêtements à condition de les laver avant. – je ne dois pas jeter les appareils électroménagers à la poubelle, sinon je risque d'avoir une amende – si je n'aime plus un meuble, je peux le customiser pour lui donner une nouvelle fonction.

PLANÈTE PAS NETTE **UNITÉ 7**

13. Quelles sont les règles de recyclage dans l'établissement où vous étudiez ? S'il n'y en a pas, inventez-les. Puis, rédigez un memento.

Objectif Utiliser les moyens d'expression de la condition pour parler de recyclage d'objets à définir dans le cadre de l'école.

Démarche Faites d'abord exprimer les règles en application (en grand groupe), puis en proposer d'autres (en petits groupes et partager).

14. À deux, à l'aide des tableaux des activités 7, 8 et 9, imaginez les habitudes alimentaires d'une personne extrêmement difficile. Ensuite, décrivez celles d'une personne qui aime tout.

Objectif Utiliser les moyens d'expression de l'exclusion et de l'inclusion, et ceux de la condition pour décrire des habitudes alimentaires.

Démarche Pour créer un peu de motivation, tant à la production qu'à la réception, demandez à vos apprenants de décrire quelqu'un de précis.

15. À deux, écrivez une scène de théâtre entre madame Quisaittout et monsieur Jensaisrien sur le tri sélectif. Situez la scène dans la cuisine, le local à poubelle, la rue ou la plage. Donnez votre dialogue à un autre groupe, qui le joue.

Objectif Utiliser les moyens d'expression de l'exclusion et de l'inclusion, et ceux de la condition pour parler du comportement de l'écocitoyen.

Démarche Suggérez à vos apprenants de s'inspirer de l'audio de l'activité 10 et/ou d'épisodes télévisuels sur le voisinage pour rédiger le texte (donc dialogue, sans doute un peu outrancier) d'une scène qui oppose un « detritus » à un « recyclus ». Faites travailler à deux, puis faites jouer la scène devant la classe. Votez pour la meilleure scène.

DOSSIER 01 | CONSTRUIRE ET CRÉER | P. 104-105

Avant de lire

1. À votre avis, que peut-on faire pour consommer moins de plastique ? Échangez en classe. **SL 2**

Objectif Mobiliser ses connaissances et ses expériences pour entrer dans la thématique du texte qui suit.

Démarche Laissez échanger spontanément. Certains ont-ils déjà découvert des informations intéressantes ?

Lire, comprendre et réagir

2. Lisez l'article. Trouvez un ou deux adjectifs pour qualifier chaque initiative. Puis, échangez en petits groupes pour choisir l'adjectif le plus pertinent pour chaque initiative.

Objectif S'approprier une information en l'évaluant.

Démarche Cette activité implique la compréhension du texte : passez donc d'abord à l'activité 3 avant d'attendre un adjectif d'appréciation, positive ou négative, des initiatives. Laissez (re)lire les textes si nécessaire et exprimer ce que l'on en pense, quitte à ne pas disposer tout de suite, en français, de l'adjectif souhaité ; cherchez-le ensemble.

> **CORRIGÉS**
>
> **2.** Au Congo : artistique – créative – écologique.
> En France : écologique – innovante.
> En Belgique : responsable – écologique – participative.

3. À deux, expliquez le fonctionnement et l'objectif de chaque initiative.

Objectif Détecter l'essentiel d'une relation d'expérience (quoi ? Comment ?).

Démarche Pour que l'écoute ait un intérêt, créez un vide d'information : autrement dit, confiez la lecture de chaque initiative à des groupes de deux différents, lesquels expliqueront aux autres – sous le contrôle éventuel d'un autre duo ayant lu le même texte de quoi (objectif ; fonctionnement) il s'agit. Sinon, on parle dans le vide, pour rien. Revenez ensuite à l'activité 2.

> **CORRIGÉS**
>
> **3.** Congo : limiter les déchets en en faisant des objets d'artisanat.
> France : limiter les déchets des pailles en plastique en fabriquant des pailles biodégradables.
> Belgique : responsabiliser les supermarchés au danger du plastique en libérant les produits de leur emballage plastique directement dans les magasins et en créant une pétition en ligne.

UNITÉ 7 PLANÈTE PAS NETTE

4. Dans quel type d'initiative vous reconnaissez-vous?

Objectif S'approprier une information en s'y projetant.

Démarche Demandez à vos apprenants à laquelle de ces initiatives ils pourraient s'associer et pourquoi ; ou, à défaut, laquelle les intéresse particulièrement et pourquoi.

5. Comment comprenez-vous l'expression « des gouttes d'eau dans l'océan » à la fin de l'article. Pensez-vous que ces initiatives en soient ?

Objectif Émettre des hypothèses sur le sens d'une expression inconnue.

Démarche Faites situer l'expression dans le texte (extrême fin) et, en grand groupe, émettez des hypothèses non pas sur les mots (qui sont connus) mais sur leur association bizarre (forcément, l'océan est fait d'eau) et ironiquement pessimiste (une goutte d'eau de plus dans l'océan, ça ne se voit pas, c'est inutile). Cette expression existe-t-elle dans leur langue? Sinon, comment en exprime-t-on le sens?

> **CORRIGÉS**
>
> **5.** Cela veut dire que toutes ces initiatives ne sont pas suffisantes pour éradiquer le problème du plastique dans le monde.

6. Connaissez-vous des initiatives similaires?

Objectif S'approprier le propos du texte en le complétant par des exemples similaires.

Démarche Laissez échanger spontanément.

Travailler la langue

7. Observez dans l'article comment se construisent les verbes suivants. Puis complétez avec *quelqu'un* ou *quelque chose*.

Objectif Acquérir la construction de verbes utiles à la thématique de l'unité.

Démarche Renvoyez au texte et laissez travailler seuls. Ensuite, corrigez avec le groupe classe.

> **CORRIGÉS ENCADRÉ DE LEXIQUE**
>
> **7.** LES VERBES DE L'ENGAGEMENT CITOYEN
> Résoudre quelque chose
> Sensibiliser quelqu'un à quelque chose
> Consacrer quelque chose à quelque chose
> Dénoncer quelque chose
> Alerter quelqu'un
> Responsabiliser quelqu'un

8. Ces verbes se construisent-ils de la même manière dans votre langue ou dans les langues que vous connaissez?

Objectif Prendre conscience des différences éventuelles de construction entre le français et sa propre langue (ou d'autres), pour éviter les erreurs.

Démarche Laissez d'abord réfléchir, et même noter (avec des exemples) individuellement, puis échangez.

9. Soulignez dans le document les autres mots ou expressions pour parler de l'engagement citoyen.

Objectif Amplifier le lexique déjà acquis sur la thématique de l'unité.

Démarche Faites procéder comme pour le panier de lexique.

> **CORRIGÉS**
>
> **9.** Initiatives éco citoyennes – se mobiliser – le mouvement citoyen – lancé une pétition – pris des engagements.

Regarder, comprendre et réagir

10. Regardez ce reportage sur l'entreprise Thouy à Castres en France, puis répondez aux questions.

Objectif Repérer les particularités d'une entreprise.

Démarche Laissez repérer individuellement, puis faites une mise en commun.

> **CORRIGÉS**
>
> **10.** De la vaisselle jetable écologique (couverts, gobelets, assiettes …) – ne contient pas de plastique – entièrement compostable et recyclable (100% écologique) – Le marché est en plein essor.

11. Revisionnez le reportage. Que représentent ces chiffres? Associez et complétez.

Objectif Repérer des informations et des chiffres pour pouvoir les associer.

Démarche Laissez repérer individuellement, puis faites une mise en commun.

> **CORRIGÉS**
>
> **11.** 10 : c'est l'âge des premiers articles de vaisselle jetable écologique chez Thouy.
> 50 : c'est le pourcentage d'article à base de végétaux chez Thouy.
> 4 000 : c'est la surface en m² de l'entrepôt de stockage de l'entreprise Thouy.
> 4 000 000 : c'est le nombre de tonne de déchets plastique en une année en France.

PLANÈTE PAS NETTE **UNITÉ 7**

12. Visionnez une dernière fois la vidéo en prenant des notes. Puis, à deux, rédigez une présentation de cinq lignes de l'entreprise Thouy : ses produits, son évolution, les raisons de son succès.

Objectif Construire une représentation de l'essentiel d'une écoute.

Démarche Pour que cette activité ait une finalité, incitez vos apprenants à lui imaginer un contexte possible (pour qui ? Dans quel cadre ?) : ils vont parler de cette entreprise à des amis, des parents ; ils pourraient en faire une présentation lors d'une émission s'ils étaient journaliste.

Retrouvez la vidéo et les activités sur espacevirtuel.emdl.fr

Produire et interagir

13. Pensez à tout le plastique présent dans votre quotidien. Comment pourriez-vous le réduire ? Écrivez une liste d'engagements personnels.

Objectif Utiliser le lexique de l'engagement citoyen (verbes) pour modifier ses habitudes.

Démarche Incitez vos apprenants à survoler à nouveau les textes de la page de gauche et à les appliquer à leur vie (voire à leur journée) pour y repérer la présence du plastique, puis à se faire une liste de bonnes résolutions. Ensuite, faites échanger et notez au tableau pour aboutir à une liste de priorités, anticipant ainsi sur l'activité suivante.

> **CORRIGÉS**
>
> **13.** *Réponses possibles*
> acheter en vrac dans les magasins qui le proposent – utiliser des contenants en verre – utiliser du shampoing solide plutôt que le shampoing des grandes surfaces en plastique – boire l'eau du robinet – utiliser des sacs réutilisables pour faire les courses – utiliser des allumettes plutôt qu'un briquet – éviter les aliments surgelés – utiliser des couches lavables – fabriquer ses produits ménagers maison.

14. En petits groupes, lisez votre liste. Avez-vous des engagements communs ? Y a-t-il des solutions pertinentes ?

Objectif Prendre du recul par rapport à des suggestions de comportements citoyens et se créer une conviction personnelle.

Démarche Laissez réagir devant les propositions du tableau et incitez à exprimer un avis personnel qui pourrait se transformer en comportement futur.

15. À deux, imaginez la journée de « l'homo plasticus » du petit déjeuner au coucher.

Objectif Créer un décalque ironique des petits textes de la page d'ouverture en utilisant le lexique du dossier et les ressources grammaticales (exclusion, inclusion, condition)

Démarche À nouveau, créez un contexte possible : il pourrait, par exemple, s'agir d'un appel de la mairie, appel à projets d'affiches destinées à provoquer le citoyen et à l'inciter à abandonner des comportements polluants, ou tout autre contexte. Il s'agit pratiquement d'une tâche : laissez donc le temps de la préparer et de la peaufiner. Faites afficher les résultats et élire l'affiche gagnante.

16. Écrivez des tweets absurdes à l'aide de l'activité 7.

Objectif Utiliser les verbes de l'engagement citoyen pour inciter au respect de l'environnement par l'absurde.

Démarche N'obligez pas vos apprenants à se limiter aux verbes de l'activité 7, mais renvoyez-les à toute l'unité. Incitez-les aussi à virer vers l'excès, le comique, l'ironie, laissez le temps à l'imagination de se débrider et faites échanger.

17. À deux, imaginez l'interview d'un éco-citoyen. Préparez les questions et les réponses, puis jouez la scène devant la classe.

Objectif Utiliser le lexique de l'engagement citoyen et les moyens d'expression de la condition, de l'inclusion/exclusion pour simuler l'interview d'un représentant du bon citoyen.

Démarche Cette activité s'apparente à une tâche puisqu'elle mobilise toutes les ressources du dossier et débouche sur un produit textuel complet, fort semblable, mais oral, au test de la page 102. Laissez donc le temps à vos apprenants de le préparer soigneusement avant d'en confier l'interprétation à un autre binôme. Quel citoyen est le plus fabuleux ?

→ **CAHIER D'EXERCICES**
- **En autonomie** : Pour approfondir sur la thématique de l'environnement, renvoyez vos apprenants aux exercices 10, 11, 12, 13 et 14 pages 55 et 56.

UNITÉ 7   PLANÈTE PAS NETTE

DÉFI #01
RÉDIGER UN TEST SUR L'ÉCOCITOYENNETÉ

Objectif   Comme la dernière activité de ce dossier, ce premier défi de l'unité 7 exige l'utilisation des ressources linguistiques du dossier 1 (lexique de l'engagement citoyen et moyens d'expression de la condition, de l'inclusion/exclusion) et débouche sur un produit textuel semblable au test de la page 102. D'un point de vue actionnel, il met vos apprenants en position d'enquêteurs par rapport à des valeurs actuellement en développement dans les sociétés francophones, voire dans le monde, et permettra de mesurer la distance entre les intentions et les actes d'une petite partie de population (il serait peut-être intéressant de demander l'âge et la nationalité des personnes interrogées).

Démarche   Faites suivre les étapes décrites dans le manuel et ne sautez pas l'étape du dépouillement et de son interprétation (autre type de produit, déjà pratiqué dans *Défi*).

DÉFI #01 NUMÉRIQUE
espacevirtuel.emdl.fr

Ce défi existe également en version numérique dans laquelle les élèves peuvent créer leur test sur https://kahoot.com/
Rendez-vous sur espacevirtuel.emdl.fr

PLANÈTE PAS NETTE | UNITÉ 7

DOSSIER 02 Le changement climatique

OBJECTIF COMMUNICATIONNEL

OBJECTIF LINGUISTIQUE — **Le lexique des catastrophes naturelles, la nominalisation et l'expression de la cause, de la conséquence et de la crainte**

pour décrire des phénomènes naturels actuels

OBJECTIF CULTUREL ET SOCIÉTAL — **en francophonie et dans le monde**

OBJECTIF ACTIONNEL — **et partout**

DOSSIER 02 | DÉCOUVRIR | P. 106-107

Avant de lire

1. Connaissez-vous Nostradamus ? Que savez-vous de lui ? Échangez en classe. **SL2**

Objectif Mobiliser ses connaissances sur un personnage dont va traiter le texte qui suit.

Démarche Laissez s'exprimer spontanément et notez éventuellement l'essentiel au tableau, ce qui permettra de confirmer/infirmer et de compléter lors des recherches suivantes et la lecture.

2. Lisez l'encadré *Ah bon ?!* et faites des recherches pour compléter vos connaissances. **SL5**

Objectif Relier des informations à ses propres connaissances pour les confirme/infirmer et/ou les compléter.

Démarche Faites lire individuellement et notez, sous la dictée, ce qui complète ou corrige les notes du tableau.

Lire, comprendre et réagir

3. Lisez la citation extraite des *Prophéties* de Nostradamus. À quel phénomène mondial vous fait-elle penser ?

Objectif S'approprier une information textuelle en l'appliquant au monde actuel.

Démarche Les recherches antérieures auront mis en évidence le caractère prophétique des déclarations de Nostradamus, expliquez-leur le mot « prophétique » « prophète ». En quoi la citation au début de l'article pourrait-elle être qualifiée de prophétique ? Laissez réagir spontanément.

> **CORRIGÉS**
> 3. Le réchauffement climatique.

4. Lisez le texte. Quelle méthode utilisait Nostradamus ?

Objectif Repérer une information précise dans une totalité textuelle.

Démarche Vos apprenants ont déjà appris pas mal de choses sur Nostradamus. Ils vont les retrouver dans le texte, mais incitez-les à ne lire, individuellement, que ce qui concerne la méthode du personnage (ce qui laisse pratiquement 90 % du texte de côté). Puis, mettez en commun et laissez réagir.

> **CORRIGÉS**
> 4. Il pouvait voir le futur en regardant dans un bol rempli d'eau et en observant le liquide.

5. À votre avis, pourquoi y a-t-il plus de 400 interprétations des écrits de Notradamus ? Échangez en classe.

Objectif Repérer une information précise dans une totalité textuelle.

Démarche Si vos apprenants ne peuvent pas répondre de mémoire, renvoyez au texte et exigez une réponse précise.

6. Relisez les prédictions. Laquelle vous semble la plus crédible ? Échangez en classe.

Objectif Réagir cognitivement à des prédictions, en les confrontant à ses connaissances du monde actuel.

121

UNITÉ 7 PLANÈTE PAS NETTE

Démarche Laissez lire individuellement, tranquillement et en utilisant les légendes des photos, puis faites réagir spontanément, mais en justifiant.

7. Relisez le titre de l'article. Quelle est votre réponse personnelle ? Échangez en petits groupes.

Objectif Apprécier les dires d'un personnage historique en s'appuyant sur toutes les informations acquises à son sujet et en mobilisant ses connaissances et ses convictions actuelles.

Démarche Laissez apprécier spontanément, sans porter de jugement, mais en demandant une justification de l'avis.

Regarder, comprendre et réagir

8. Regardez la vidéo sur le changement climatique. Qu'explique-t-elle ? Échangez en petits groupes. SE

Objectif Centrer le premier visionnage d'une vidéo sur la détection de son sujet.

Démarche Récoltez les réponses en groupe classe.

> **CORRIGÉS**
> 8. Elle explique le rôle des gaz à effet de serre sur la Terre.

9. Complétez la définition suivante à l'aide de la vidéo.

Objectif Repérer une information très précise dans une totalité textuelle.

Démarche Si le recours à un deuxième visionnage n'est pas nécessaire, tant mieux. Sinon, accordez-le.

> **CORRIGÉS**
> 9. Ce sont les gaz à effet de serre.

10. Selon les scientifiques, que va-t-il se passer d'ici 2100 ?

Objectif Repérer une information précise et la reformuler.

Démarche Laissez le temps à chacun de reformuler mentalement, puis faites échanger.

> **CORRIGÉS**
> 10. La température de la Terre devrait augmenter de 1 à 5 degrés.

Retrouvez la vidéo et les activités sur **espacevirtuel.emdl.fr**

Mon panier de lexique

Quels mots sur le climat et les phénomènes naturels voulez-vous retenir ? Écrivez-les.

Objectif Conscientiser l'acquisition lexicale réalisée inconsciemment lors des activités de compréhension antérieures et la fixer.

Démarche Faites d'abord noter de mémoire les mots qui auront été acquis inconsciemment au cours du travail de compréhension en lecture ; puis, renvoyez au texte pour compléter consciemment. Mettez en commun et déterminez le noyau dur dont vous exigerez la mémorisation consciente et fiable.

Vous pouvez également renvoyer vos apprenants sur espacevirtuel.emdl.fr où ils auront la possibilité de constituer un nuage de mots via https://wordart.com.

DOSSIER 02 | CONSTRUIRE ET (INTER)AGIR | P. 108-109

Avant de lire

1. Connaissez-vous la théorie de l'effet papillon ? En petits groupes, expliquez-la avec vos mots. SL2

Objectif Mobiliser des connaissances mutuelles sur le thème du texte qui suit.

Démarche Laissez échanger spontanément, puis mettez en commun. Si aucune information sur le sujet ne surgit, demandez des recherches sur Internet.

> **CORRIGÉS**
> 1. C'est une chaîne d'événements qui se suivent les uns les autres et dont le précédent influe sur le suivant.

Lire, comprendre et réagir

2. Lisez les titres des paragraphes. À votre avis, de quoi va parler l'article ? SL7

Objectif Faire des hypothèses sur le contenu d'un article (voire son genre et sa visée) par le moyen de l'interprétation des figures de style figurant dans les sous-titres.

Démarche Les sous-titres ne sont pas limpides, mais un parallèle entre le premier et le dernier (plus l'opposition entre « perturbateur/perturbé ») peut amener à une réflexion sur la cause/la conséquence, le

PLANÈTE PAS NETTE   UNITÉ 7

déclencheur/l'effet, le responsable/la victime... les uns étant les autres, en cercle vicieux. Si vos apprenants ne repèrent pas ces mots « opposition/répétitions », attirez leur attention sur la comparaison et faites-les interpréter.

3. **Lisez l'article. À deux, créez un schéma illustrant les différentes étapes du cercle vicieux décrit dans l'article.**

   Objectif Créer une représentation de l'information textuelle essentielle sous forme de schéma.

   Démarche Après une première lecture, faites d'abord revenir sur la question précédente et faites vérifier les hypothèses sur le contenu de l'article (que l'on n'avait peut-être pas bien ciblé).
   Laissez travailler ensuite, par deux, tranquillement car la tâche est ardue !
   Une fois les schémas dessinés, invitez à les reproduire et commenter au tableau. Laissez réagir les camarades, par des questions, des objections, des propositions... et aboutissez ensemble à une compréhension globale exacte du texte.

   CORRIGÉS

   3. Réchauffement climatique – déplacement d'espèces/extinction des espèces – nouvel écosystème – déplacement de certaines espèces car trop faibles – déséquilibre de la faune et la flore – impact sur l'homme.

4. **Quel lien y a-t-il entre le titre et le contenu de l'article ? Échangez en classe.**

   Objectif Faire un lien entre titre et article.

   Démarche Laissez vos apprenants réfléchir, et faites une mise en commun.

   CORRIGÉS

   4. *Réponses possibles*
      Les avancés techniques de l'homme vont provoquer la disparition d'espèces – le réchauffement climatique va provoquer de nouvelles maladies.

5. **Avez-vous remarqué des conséquences du réchauffement climatique autour de vous ?**

   Objectif S'approprier une information textuelle en l'appliquant à soi et à son environnement.

   Démarche Laissez échanger spontanément, en nuançant les propos.

   → **CAHIER D'EXERCICES**
   - **En autonomie** : Pour travailler le lexique des insectes, renvoyez vos apprenants à l'exercice 23 page 58.

Travailler la langue

6. **Soulignez dans l'article les expressions qui introduisent une cause (en bleu), et une conséquence (en vert). Puis, complétez le tableau.**

   Objectif Acquérir divers moyens d'expression de la cause et de la conséquence.

   Démarche Faites d'abord relever dans le texte, et même classez avec eux selon les critères qui leur/vous conviennent (nature du mot : verbe, conjonction de subordination/coordination, construction : verbe/nom... sens : comme, puisque, car, parce que, etc). Sinon, faites simplement remplir le tableau.

   CORRIGÉS TABLEAU DE GRAMMAIRE

   6. **Cause :** causer – à cause de – en raison du – causer – comme – puisque
      Conséquence : conduire à – provoquer – entraîne – par conséquent – entraîne – d'où – tellement... que

   EXPRIMER LA CAUSE ET LA CONSÉQUENCE
   - **car, comme** + phrase
   Ex. : *Comme nous dépendons de l'équilibre des écosystèmes pour notre alimentation et notre santé, nous subissons les impacts de tous ces changements.*
   - **en raison de, à cause de, dû (due) à** + nom
   Ex. : *En raison du réchauffement climatique, des animaux sont obligés de quitter leur environnement naturel.*
   - **puisque, étant donné que** + phrase
   Ex. : *Elle met en danger sa propre survie, puisque c'est cet insecte qui permet sa reproduction.*
   - **causer, provoquer, entraîner** + nom
   Ex. : *Tout ceci entraîne un phénomène appelé la désynchronisation des espèces.*
   - **tellement** + adjectif ou adverbe + **que** + phrase
   Ex. : *Aujourd'hui, l'impact du réchauffement climatique est tellement complexe qu'on parle souvent d'effet papillon pour le décrire.*
   - **alors, par conséquent** + phrase
   Ex. : *Par conséquent, celles-ci doivent migrer pour survivre.*
   - **d'où** + nom
   Ex. : *Nous subissons les impacts de tous ces changements, d'où l'importance de mieux connaître ces mécanismes.*

   → **CAHIER D'EXERCICES**
   - **En autonomie** : Pour travailler l'expression de la cause et de la conséquence, renvoyez vos apprenants aux exercices 15, 16 et 17 page 57.

7. **Complétez l'encadré avec les noms qui correspondent aux verbes. Puis, vérifiez vos réponses dans l'article.**

   Objectif Amplifier le lexique des phénomènes naturels par la nominalisation.

123

UNITÉ 7 — PLANÈTE PAS NETTE

Démarche Laissez d'abord travailler de mémoire ou par approximation, puis faites vérifier et retenir ! Faites remarquer certaines « régularités » : verbes en -er, -ation (polluer, pollution) et de grosses irrégularités !!

> **CORRIGÉS**
>
> **7.** Pollution - extinction - augmentation - disparition - dégradation - adaptation - reproduction - alimentation. Réchauffement - battement - changement - dérèglement.

→ **CAHIER D'EXERCICES**
- **En autonomie** : Pour travailler la nominalisation, renvoyez vos apprenants à l'exercice 22 page 58.

Regarder, comprendre et réagir

8. Regardez la suite de la vidéo sur le changement climatique. Quelles conséquences sont évoquées dans la vidéo et dans l'article ? Échangez en petits groupes. SE

Objectif Repérer et distinguer des informations déjà acquises et des nouvelles.

Démarche Suggérez à vos apprenants de noter (très brièvement) durant le visionnage (voire de lever la main en cours d'écoute), ce qui se répète par rapport au texte.

9. Regardez à nouveau la vidéo. Quelles autres conséquences sont mentionnées dans la vidéo ? À deux, reformulez-les.

Objectif Repérer et distinguer des informations déjà acquises et des nouvelles.

Démarche Lors du deuxième visionnage, faites noter les informations nouvelles et les échanger.

> **CORRIGÉS**
>
> **9. Conséquences vidéo** : l'eau des océans va augmenter - des millions de personnes vont devoir quitter leur logement - la température de la Terre va augmenter - plus de pluie dans le nord - plus de sécheresse dans le sud - développement de nombreuses maladies - les déserts s'agrandissent - de nombreuses espèces risquent de disparaître.
> **Conséquences article** : Désynchronisation des espèces (disparition des espèces - les animaux sont obligés de quitter leur environnement naturel - certaines plantes fleurissent avant la saison)
> - l'homme subit l'impact de cette désynchronisation (santé - alimentation).

10. À quoi correspondent les chiffres 82 et 20 000 évoqués dans la vidéo ?

Objectif Repérer deux informations très précises dans une totalité textuelle.

Démarche Faites répondre de mémoire si possible, sinon repassez la vidéo.

> **CORRIGÉS**
>
> **10.** Les océans vont grimper de 82 centimètres avant la fin du siècle - 20 000 espèces par an risquent de disparaître de la planète.

Retrouvez la vidéo et les activités sur espacevirtuel.emdl.fr

Produire et interagir

11. À deux, expliquez les causes de ces phénomènes. Faites des recherches si nécessaire.

Objectif Utiliser les moyens d'expression de la cause pour expliquer des catastrophes.

Démarche Laissez travailler par deux en exigeant des variations dans l'expression de la cause, et, lors de la correction commune, faites systématiquement reformuler avec d'autres moyens, ce qui permettra de mettre en évidence les variations de sens et de construction.

> **CORRIGÉS**
>
> **11.** Titanic (le bateau a percuté un iceberg) - Pompéi (éruption du volcan le Vésuve) - habitants de l'île de Pâques (maladies et épidémies) - disparition des dinosaures (catastrophes naturelles) - Québécois parlant français (ancienne colonisation française).

12. À deux, imaginez que vous êtes un/e philosophe ou un/e scientifique. Écrivez des citations comme « je pense donc je suis » à l'aide des étiquettes.

Objectif Utiliser les moyens d'expression de la conséquence pour exprimer des « vérités » philosophiques ou scientifiques.

Démarche Incitez soit au très sérieux, soit au farfelu. Ensuite, affichez les plus interpellantes.

13. En classe, faites une liste de phénomènes (réels ou imaginaires) à l'aide des noms de l'activité 7.

Objectif Utiliser la nominalisation pour lister des phénomènes naturels.

Démarche Laissez surgir spontanément les mots et créez un nuage au tableau. Corrigez les formulations en cours de route.

PLANÈTE PAS NETTE **UNITÉ 7**

14. À deux, choisissez deux phénomènes de l'activité 13, qui pourraient avoir une relation logique, selon vous. Rédigez un court texte pour expliquer cette relation à l'aide des mots en étiquettes.

Objectif Utiliser les moyens d'expression de la cause et de la conséquence pour jouer à « forcer l'effet papillon » en imaginant des relations, à première vue peu évidentes, entre phénomènes.

Démarche Faites travailler par deux pour donner plus de chance à l'imaginaire, puis exigez un texte court mais cohérent. Incitez à tordre un peu le cou à la logique.

DOSSIER 02 | CONSTRUIRE ET CRÉER | P. 110-111

Avant de lire

1. Quelles sont les conséquences du réchauffement climatique sur les mers et les océans ? Échangez en classe. **SL2**

Objectif Mobiliser ses connaissances pour aborder un thème et mieux comprendre le texte qui suit.

Démarche Laissez discuter en grand groupe, avec, si possible, des exemples précis.

> **CORRIGÉS**
>
> **1.** *Réponses possibles*
> des ouragans plus forts – la montée des eaux – les récifs coralliens disparaissent ce qui entraîne la disparition de nombreux poissons.

2. Situez sur une carte la Nouvelle-Calédonie. À votre avis, quels problèmes écologiques connaît cette île ? **SL3**

Objectif Mobiliser ses connaissances pour aborder un thème et mieux comprendre le texte qui suit.

Démarche Pour ne pas avoir à changer de sujet trps rapidement, demandez à vos apprenants si tout ce qu'ils viennent de lire peut, à leur avis, s'appliquer à la France ou aux DROM-COM et, par exemple à la Nouvelle-Calédonie. À propos, où la situent-ils et qu'en savent-ils ?

> **CORRIGÉS**
>
> **2.** *Réponse possible*
> Elle risque de disparaitre à cause de la montée des eaux.

Lire, comprendre et réagir

3. Lisez le document. D'où Maïna écrit-elle ? À qui ? Pourquoi ?

Objectif Décrypter le contexte de production d'un texte et sa visée.

Démarche Laissez travailler seuls et demandez une fiche de présentation de l'auteure et du texte : qui ? Où ? À qui ? Pourquoi ? Et pour quoi ?

Insistez sur la cause du mécontentement de l'auteure et faites-la reformuler.

> **CORRIGÉS**
>
> **3.** D'où ? (de la Nouvelle-Calédonie) – à qui ? (au journal qui a publié l'article sur Nostradamus) – pourquoi ? (pour alarmer sur les conséquences du réchauffement climatique).

4. Dans quel état d'esprit Maïna se trouve-t-elle quand elle écrit ? Justifiez votre réponse.

Objectif Déceler le ton d'un écrit.

Démarche Peut-être vos apprenants auront-ils déjà (dans l'activité 3) perçu la mauvaise humeur de Maïna, sinon faites-la souligner et surtout extraire des mots marqués d'affectivité ironique (mots pour parler de Nostradamus) et, au contraire, sur les augmentatifs (pour parler de ses propres sentiment).

> **CORRIGÉS**
>
> **4.** Elle est inquiète et préoccupée (je tiens à vous faire part de mon inquiétude – de ma préoccupation – se faire du souci).

5. Sur quels faits concrets se base Maïna pour développer ses arguments ?

Objectif Percevoir le plan d'un texte argumentatif.

Démarche Faites démontrer l'argumentation de Maïna (dont la thèse « le phénomène est grave et vous le traitez à la légère » a dû être souligné dans les activités 3 et 4) en demandant la liste des arguments et des exemples (sans confusion entre les deux).

> **CORRIGÉS**
>
> **5.** La montée des eaux – les tempêtes.

125

UNITÉ 7   PLANÈTE PAS NETTE

6. Est-ce que la montée des eaux concerne votre pays ou un pays que vous connaissez ? Comment ?

   Objectif S'approprier une problématique en appliquant ce que l'on vient d'en apprendre à son propre pays ou à des pays connus

   Démarche Laissez réfléchir un moment, puis faites échanger.

Travailler la langue

7. Soulignez les verbes qui expriment un sentiment, puis complétez le tableau.

   Objectif Acquérir les moyens d'expression de la crainte et la construction des mots qui l'expriment.

   Démarche Renvoyez à l'activité 4 mais faites-la compléter systématiquement, individuellement, puis corrigez tous ensemble (notez éventuellement au tableau).

   > **CORRIGÉS TABLEAU DE GRAMMAIRE**
   >
   > **7.** EXPRIMER L'INQUIÉTUDE, L'ANGOISSE, LA PEUR
   > Je crains que – inquiète – préoccupé par – ont peur des – craignent – ont peur que – sont inquiets - se faire du souci
   >
   > - **craindre que +** phrase au subjonctif
   > Ex. : *Je crains que beaucoup de vos lecteurs comprennent mal votre intention.*
   > - **craindre +** nom
   > Ex. : *Les anciens craignent les tempêtes.*
   > - **avoir peur que +** phrase au subjonctif
   > Ex. : *Ils ont peur que leurs maisons disparaissent.*
   > - **avoir peur de +** nom
   > Ex. : *Les enfants ont peur des grosses vagues.*
   > - **se faire du soucis / s'inquiéter pour** quelque chose
   > Ex. : *Les scientifiques sont aussi inquiets pour la biodiversité.*

8. Observez, puis complétez le tableau et les phrases d'exemples.

   Objectif Acquérir la distinction adjectif / adjectif verbal.

   Démarche Travaillez tous ensemble pour mettre en évidence la construction et l'accord de l'adjectif verbal et l'opposition de sens avec l'adjectif qualificatif correspondant.

> **CORRIGÉS ENCADRÉ DE GRAMMAIRE**
>
> **8.**
>
> | Verbe | Adjectf qui exprime l'action | Adjectif qui exprime le résultat |
> |---|---|---|
> | Préoccuper | Préoccupant/e | Préoccupé/e |
> | Alarmer | Alarmant/e | Alarmée/e |
> | Effrayer | Effrayant/e | Effrayé/e |
> | Terrifier | Terrifiant/e | Terrifié/e |
> | Inquiéter | Inquiétant/e | Inquiet(ète) |
>
> La montée des eaux préoccupe les populations.
> Les gens sont terrifiés par la montée des eaux.
> La montée des eaux est alarmante.

→ **CAHIER D'EXERCICES**
   - **En autonomie** : Pour travailler l'expression de l'inquiétude, l'angoisse, la peur, renvoyez vos apprenants aux exercices 18, 19, 20 et 21 pages 57 et 58.

Écouter, comprendre et réagir

9. Écoutez le reportage. De quelles augmentations parle-t-on ? Relevez les chiffres, puis reformulez les deux informations avec vos propres mots. **SE**

   🎧 28

   Objectif Relever les données chiffrées essentielles d'un reportage et les données qu'elles concernent.

   Démarche Laissez repérer individuellement puis mettez en commun, et faites réagir.

   > **CORRIGÉS**
   >
   > **9.** La montée des eaux (la mer a avancé de 10 mètres en 30 ans) – l'augmentation de la température de la mer (1 degré et demi en 50 ans).

Produire et interagir

10. Quelles sont vos inquiétudes ? Écrivez-les sur une feuille à l'aide des phrases suivantes. Mélangez et redistribuez les feuilles, puis essayez de deviner qui a écrit quoi.

    Objectif Utiliser les moyens d'expression de la crainte (lexique, construction et mode) pour échanger sur les personnalités mutuelles.

    Démarche Dans la mesure où il s'agit d'ajouter un objet, c'est le moment idéal pour distinguer les nuances entre les différents verbes (on peut craindre la mort et même en avoir peur, mais pas se faire du souci à son propos, alors que l'on se fera du souci pour ses enfants après sa mort, etc.)

PLANÈTE PAS NETTE   UNITÉ 7

Donc expliquez ces nuances avant de commencer, puis laissez travailler individuellement et au moment de la correction, vérifiez cette adéquation lexicale avec l'objet, en plus des constructions et mode.

11. À deux, faites des recherches et définissez les mots en étiquettes.

Objectif Utiliser les moyens d'expression de la crainte, pour définir une série de peurs irrationnelles exprimées par le suffixe -phobe.

Démarche Expliquez d'abord ce qu'est une « phobie » et donc ce que signifie le suffixe -phobe accolé à un mot, en prenant l'arachnophobie comme exemple. Ensuite, laissez surgir d'abord les connaissances déjà existantes des membres de duos, puis faites faire des recherches et faites une mise en commun.

CORRIGÉS

11. Agoraphobe : quelqu'un qui a peur des grands espaces et des lieux publics– aérodromphobe : une personne qui a peur de prendre l'avion – pogonophobe : une personne qui craint les barbes et les poils sur le visage – coulrophobe : quelqu'un qui craint les clowns.

---

12. À deux, inventez d'autres types de personnes souffrant de peurs irrationnelles. Puis, dites-les à vos camarades qui les définissent.

Objectif Utiliser la composition de mots en -phobe et les moyens d'expression de la crainte, pour désigner et définir une série de peurs irrationnelles.

Démarche Laissez chercher dans le dictionnaire ou sur Internet pour trouver d'autres peurs existantes, et profitez-en pour faire travailler la formation de tous ces mots, d'en retenir certains, et de travailler sur des champs sémantiques utiles (exemple : *hématophobie, hématome, hémoglobine, hémophilie*…).

Vous pouvez éventuellement aussi en faire inventer, en précisant bien que les néologismes qui seront produits ne seront pas reconnus par l'Académie !

13. En petits groupes, faites la liste des peurs et des craintes les plus communes dans votre société. Puis, classez-les de la moins inquiétante à la plus terrifiante.

Objectif Utiliser les moyens d'expression de la crainte, pour décrire sa propre société et mieux connaître celle des autres.

Démarche En petits groupes, mixtes si possible, laissez surgir les connaissances, voire les stéréotypes, relatifs aux craintes propres à certaines cultures, et faites réagir les intéressés ou ceux qui en connaissent plus ; voire, faites faire des recherches. Mettez en commun les résultats des différents groupes.

14. Faites des recherches sur les conséquences du réchauffement climatique sur une île de votre choix. Prenez des notes, puis rédigez un texte explicatif d'environ 100 mots pour résumer ce que vous avez appris.

Objectif Mobiliser toutes les ressources linguistiques du dossier pour présenter un nouvel exemple relatif à la thématique.

Démarche Cette activité a toutes les caractéristiques d'une tâche (amplitude d'un texte complet, nombre de ressources à mobiliser, visée informative, etc.). Pour lui assurer aussi un objectif (inter)culturel, demandez à vos apprenants de choisir soit une île de chez eux, soit une île de la francophonie. Et laissez le temps des recherches et de la rédaction contrôlée.

DÉFI #02
FAIRE DES PRÉDICTIONS APOCALYPTIQUES.

Objectif Ce défi, aux dimensions textuelles limitées à celles d'une prophétie, mobilise néanmoins le lexique des catastrophes naturelles et de l'engagement citoyen, la nominalisation et l'expression de la cause, de la conséquence, de la condition et de la crainte, toutes ressources installées dans cette unité 7.

Démarche Réduisez les groupes à trois personnes pour multiplier les prédictions et donc les réactions.

DÉFI #02 NUMÉRIQUE
espacevirtuel.emdl.fr

Ce défi existe également en version numérique dans laquelle les élèves peuvent présenter et illustrer leurs prédictions sur www.canva.com.
Rendez-vous sur espacevirtuel.emdl.fr

UNITÉ 7 PLANÈTE PAS NETTE

S'APPROPRIER LES MOTS | P. 112

Les mots assortis

1. **Complétez les séries.**

   Objectif Réutiliser les collocations vues dans l'unité pour parler du sort de la planète.

   Démarche Laissez d'abord travailler individuellement de mémoire, ou par retour sur l'unité, puis mettez en commun.

   CORRIGÉS

   1. une espèce animale – végétale
      la disparition – l'extinction
      recycler – trier – collecter

La grammaire des mots

2. **Complétez les verbes avec la préposition adéquate. Puis, formez des phrases pour faire le portrait du citoyen écoresponsable.**

   Objectif Manipuler la construction de différents verbes lexicalement liés à la thématique de l'unité.

   Démarche Faites d'abord compléter seuls, puis mettez en commun pour vérifier la construction des verbes et réviser le lexique des compléments.

   CORRIGÉS

   2. Être préoccupé/e par
      Avoir conscience de
      Être sensible à
      Consacrer du temps à
      S'informer de

3. **Complétez les phrases avec des exemples personnels.**

   Objectif Réviser les différentes expressions possibles d'une même action citoyenne et manipuler leur construction.

   Démarche Faites d'abord compléter individuellement, puis mettez en commun pour vérifier la construction des verbes et réviser le lexique des compléments possibles.

Mes mots

4. **Faites une liste des emballages présents dans votre quotidien. Que contiennent-ils en général ?**

   Objectif Faire un bilan personnel du lexique de l'unité relatif aux contenants et contenus.

   Démarche Il n'est pas certain que ce lexique ait été systématiquement traité dans l'unité : autorisez donc vos étudiants à revoir l'unité, d'une part, et à consulter Internet ou le dictionnaire, d'autre part ; puis à échanger par deux. Faites une mise en commun finale, dont vous extrairez le lexique dont la maîtrise vous semblera utile et exigible.

   CORRIGÉS

   4. *Réponses possibles*
      Les cartons (lait) – barquette en aluminium (repas à emporter) – le papier (légumes) – le plastique (savon).

5. **Faites une liste des catastrophes naturelles.**

   Objectif Faire un bilan personnel du lexique de l'unité relatif aux catastrophes naturelles.

   Démarche L'activité devrait pouvoir être réalisée de mémoire. Laissez travailler individuellement, puis corrigez tous ensemble.

   CORRIGÉS

   5. *Réponses possibles*
      un tsunami – une avalanche – un ouragan – une tornade – une éruption volcanique – une inondation – un cyclone – un tremblement de terre.

6. **Faites une carte mentale sur le thème de l'eau avec les mots de l'unité.**

   Objectif Faire un bilan personnel du lexique de l'unité relatif à l'eau, sous forme de réseau.

   Démarche Laissez travailler seuls, à la fois de mémoire et par retour sur l'unité. Ensuite, faites comparer avec la carte d'un/e camarade, histoire de se compléter mutuellement ; éventuellement, construisez une carte mentale commune au tableau et déterminez, si vous le souhaitez, le noyau des mots utiles dont vous exigerez la mémorisation par tous.

   CORRIGÉS

   6. *Réponses possibles*
      La montée des eaux – les grosses vagues – les marées – la mer – le tsunami – les îles – les océans – les inondations.

128

PLANÈTE PAS NETTE **UNITÉ 7**

DÉFI #03 NUMÉRIQUE
espacevirtuel.emdl.fr

Le défi #03 numérique de l'unité 7 consiste à créer une carte mentale sur les causes et les conséquences d'un problème écologique (par exemple la disparition des abeilles, le blanchiment des coraux) avec l'outil www.thinglink.com.

La plateforme numérique espacevirtuel.emdl.fr propose un troisième défi à faire en fin d'unité. Cette tâche indépendante reprend les objectifs pédagogiques de l'ensemble de l'unité, elle représente un challenge pour les apprenants et a un caractère ludique. Elle ne vous demandera pas de temps de préparation en amont. Vos élèves trouveront sur l'Espace virtuel des outils TICE et des liens vers des sites pour faire tous les défis numériques. Avec ces outils, vos apprenants peuvent produire un contenu numérique, seuls ou en groupes, le commenter et le soumettre à la classe. L'Espace virtuel leur permet aussi de partager et d'envoyer leur production. Nous vous recommandons de constituer un mur Padlet dès le début de vos cours pour afficher toutes les tâches numériques réalisées au cours de l'année (voir fiche TICE de l'Espace virtuel > Padlet). Vous retrouvez également sur l'Espace virtuel d'autres fiches destinées aux enseignants pour mieux utiliser les outils TICE.

Rendez-vous sur espacevirtuel.emdl.fr

On lâche rien ! 08

DOSSIER 01 Les inégalités

OBJECTIF COMMUNICATIONNEL

Le lexique de la revendication, les moyens de la mise en relief et l'expression de la volonté

OBJECTIF LINGUISTIQUE

pour exposer des appels à plus d'égalité sociale (en France),

OBJECTIF ACTIONNEL

entre sexes (au Québec)

OBJECTIF CULTUREL ET SOCIÉTAL

et dans une société idéale

DOSSIER 01 | DÉCOUVRIR | P. 114-115

Avant de lire

1. Selon vous, la France est-elle un pays égalitaire ? Dans quel domaine ? Échangez en classe. **SL2**

Objectif Mobiliser ses connaissances (ou expériences) relatives au thème développé dans le document.

Démarche Laissez vos apprenants échanger sur ce qu'ils savent ou sur ce qu'ils pensent du sujet.

Lire, comprendre et réagir

2. Lisez l'introduction de l'article. Comment comprenez-vous la première phrase ? Selon vous, de quelles inégalités l'article va-t-il parler ? **SL1**

Objectif Émettre des hypothèses sur le sujet d'un article à partir de son introduction.

Démarche Avant d'entrer dans la lecture, demandez d'abord quelle est la devise de la France et faites-en expliquer les mots. Ensuite, faites lire l'introduction pour y découvrir quel est le mot de la devise mis en doute dans le texte. Où voit-on qu'il y a une mise en doute ? (expliquez l'expression *tenir d'avantage de…, que de…*) et faites relever tous les termes exprimant l'inégalité : *écarts, décalages, inégalités*. Si vos apprenants n'ont parlé que d'égalités dans l'activité 1, demandez-leur maintenant à quelles inégalités ils s'attendent dans l'article ?

> **CORRIGÉS**
>
> 2. *Réponses possibles*
> Les citoyens doivent être égaux dans tous les domaines. Mais cette devise n'est pas respectée, car en France il y a encore beaucoup d'inégalités concernant les salaires, l'accès à l'emploi, l'accès aux études, l'égalité entre les hommes et les femmes.

3. Lisez les intertitres. Selon vous, de quoi va parler chaque paragraphe ? **SL7**

Objectif Émettre des hypothèses sur le sujet de chaque paragraphe d'un article à partir de ses intertitres et donc de dégager la structure du texte.

Démarche Faites souligner les mots-clés de chaque intertitre individuellement, puis mettez en commun. Les sous-thématiques ont-elles été évoquées dans les discussions antérieures ? Certaines surprennent-elles ?

4. Lisez l'article. Quelles données vous choquent le plus ? Pourquoi ?

Objectif Réagir affectivement aux informations extraites d'un texte.

Démarche Le document étant important, regroupez les paragraphes relevant de la même sous-thématique (revenus/pauvres/hommes-femmes/emploi, mal-emploi/école) et confiez-en la lecture à des petits groupes différents, avec pour objectif d'y relever les informations essentielles et d'y réagir. Ensuite, faites échanger.

131

UNITÉ 8 — ON LÂCHE RIEN !

5. À partir des données de l'article, expliquez les différences entre une famille d'ouvriers et de cadres.

Objectif Faire la synthèse de l'article à partir d'un point de vue (catégorie socioprofessionnelle).

Démarche Expliquez à vos apprenants que tout l'article pourrait se résumer en deux colonnes : les cadres/les ouvriers-employés, et faites reprendre toutes les données selon cette classification. Travaillez soit tous ensemble, sous votre coaching au tableau, soit par petits groupes et faites une mise en commun.

> **CORRIGÉS**
>
> **5.** L'augmentation des revenus est moins importante chez les ouvriers – l'écart de salaire entre hommes et femmes est plus important chez les cadres – les enfants d'ouvriers échouent plus à l'école – les enfants de cadres ont plus de chance de faire des études longues – les ouvriers sont plus touchés par le chômage que les cadres.

6. Pourquoi l'Observatoire des inégalités affirme-t-il que les 2,9 millions de chômeurs ne sont que la partie émergée de l'iceberg ? Expliquez avec vos mots l'expression « mal-emploi ».

Objectif Comprendre finement une information précise, exprimée sous forme d'image.

Démarche Faites expliquer ce qu'est un iceberg (en le dessinant au tableau, par exemple) et, donc, pourquoi les chômeurs sont la partie émergée de l'iceberg (travaillez l'opposition émergé/immergé).

> **CORRIGÉS**
>
> **6.** Car ce n'est que la partie visible et qu'il y a plein d'autres personnes qui ne sont pas recensées et qui ne font donc pas partie des statistiques. « Mal-emploi » veut dire être dans une situation professionnelle difficile avec un travail mal rémunéré et précaire (sans sécurité de l'emploi).

7. Dans votre pays, quelles sont les inégalités les plus visibles ? Existe-t-il un système d'aide pour les plus précaires ?

Objectif S'approprier l'information textuelle en l'appliquant à son propre pays et en apprendre autant des autres (objectif interculturel).

Démarche Faites d'abord transférer à propos des inégalités évoquées dans le texte, mais ensuite laissez surgir aussi les éventuelles autres causes d'inégalité.

Écouter, comprendre et réagir

8. Écoutez l'économiste Lucas Chancel qui commente le rapport sur les inégalités mondiales de 2018. Dites si les affirmations suivantes sont vraies ou fausses. SE

Objectif Repérer des détails relatifs à des informations précises éparses dans une interview.

Démarche Expliquez d'abord à vos apprenants que l'on entend souvent des gens/des politiciens contester des informations ou ne pas les croire. C'est ce qui est relevé dans les questions de l'activité. Faites-les lire et déjà anticiper les réponses. Ensuite, faites écouter et percevoir ce qui peut l'être ; le texte est en effet très peu structuré et assez complexe, mais pas de panique : on note ce que l'on peut !

> **CORRIGÉS**
>
> **8.** Vrai – Faux – Faux – Vrai – Vrai – Faux – Faux

9. En petits groupes, comparez vos réponses, puis réécoutez pour les vérifier.

Objectif Revenir sur le repérage de détails relatifs à des informations précises éparses dans une interview.

Démarche Faites d'abord comparer (soit à deux, en petits groupes ou tous ensemble) ce qui a été compris, et souligner les doutes ou vides restants, puis faites réécouter et compléter. Corrigez tous ensemble, et donnez la transcription pour une dernière vérification.

10. Écoutez la suite de l'interview sur la situation en Europe, puis répondez aux questions.

Objectif Repérer les trois idées clés d'une interview.

Démarche Comme dans l'activité 8, faites lire attentivement les trois questions de l'activité et anticiper, si possible. Faites écouter ensuite et percevoir ce qui peut l'être : le texte est toujours aussi peu structuré et assez complexe. Passez à nouveau l'audio, puis mettez en commun. Faites corriger par le biais de la transcription, individuellement, puis tous ensemble.

> **CORRIGÉS**
>
> **10. 1.** Les inégalités ont augmenté moins vite en Europe que dans le reste du monde. **2.** Car elle a réussi à protéger les classes populaires avec un système de santé, un accès à l'éducation pour tous et une fiscalité progressive. **3.** Il se demande si l'Europe va continuer dans cette voie ou si elle va suivre les États-Unis.

ON LÂCHE RIEN ! **UNITÉ 8**

11. Selon vous, les inégalités ont-elles augmenté dans votre pays ces dernières années ? Donnez des exemples concrets. SE

Objectif S'approprier l'information textuelle en l'appliquant à son propre pays et en apprendre autant des autres (objectif interculturel).

Démarche Faites transférer à propos des augmentations d'inégalités évoquées dans l'interview, et, éventuellement, à propos d'autres aspects sociaux.

Mon panier de lexique

Quels mots de ces pages voulez-vous retenir ? Écrivez-les.

Objectif Conscientiser l'acquisition lexicale réalisée inconsciemment lors des activités de compréhension antérieures et la fixer.

Démarche Le texte regorge de termes intéressants, constamment mobilisés dans l'actualité médiatique actuelle. Suggérez à vos apprenants de les noter, de mémoire d'abord, puis par parcours attentif du texte, sous forme de carte mentale (argent, catégories socioprofessionnelles, termes d'augmentation/ diminution...).

Vous pouvez également renvoyer vos apprenants sur espacevirtuel.emdl.fr où ils auront la possibilité de constituer un nuage de mots via https://wordart.com.

DOSSIER 01 | CONSTRUIRE ET (INTER)AGIR | P. 116-117

Lire, comprendre et réagir

1. Lisez l'article. Quelles sont les particularités du mouvement des « Gilets jaunes » ? Pour quelles raisons manifestent-ils ?

Objectif Relever de nombreuses informations précises, éparses dans la totalité d'un texte.

Démarche Avant de lire, expliquez à vos apprenants (ou faites expliquer si possible) brièvement, sans entrer dans les détails pour ne pas couper l'herbe sous le pied de la question, ce qu'est ce mouvement et pourquoi les manifestants portent un gilet jaune (exploitez la photo et/ou apportez-en d'autres). Puis faites souligner, individuellement, tout ce qui distingue ce mouvement des autres manifestations françaises de protestation. Laissez le temps, car le texte est long et les caractéristiques à relever sont nombreuses et éparses. Notez au tableau lors de la mise en commun, en exigeant des références précises au texte.

CORRIGÉS

1. Un mouvement qui n'est associé à aucun parti politique – des revendications diverses et variées – des manifestants qui vont de l'extrême gauche à l'extrême droite – une mobilisation qui dure.
Ils manifestent contre la hausse du prix du carburant – contre les inégalités croissantes en France – contre la baisse de leur pouvoir d'achat.

2. Comment ce mouvement est-il perçu par les Français ?

Objectif Relever quelques informations précises, regroupées dans un paragraphe du texte.

Démarche Demandez d'abord à vos apprenants dans quel paragraphe ils peuvent trouver l'information demandée. Puis, demandez-leur d'en reprendre les détails, individuellement d'abord, puis ensemble.

CORRIGÉS

2. La majorité des Français éprouvent un sentiment de sympathie à l'égard des « Gilets jaunes ».

3. À quels événements correspondent les trois dates dans le premier paragraphe ? Faites des recherches si nécessaire. SL5

Objectif Mobiliser ses connaissances, ou rechercher des informations, sur des références historiques d'un texte.

Démarche Laissez vos apprenants exprimer ce qu'ils savent à propos de ces dates, et en l'absence d'informations, envoyez-les chercher sur Internet. Qu'est-ce que ces dates ont en commun ?

CORRIGÉS

3. Elles correspondent à de grands mouvements de manifestation qui ont eu lieu en France.
Juillet 1789 : la prise de la Bastille lors de la Révolution française – révolte du peuple car ils devaient payer des impôts malgré les mauvaises récoltes et la disette.
Mai 1968 : mouvement de révolte des étudiants contre la société traditionnelle, l'autorité et les inégalités excessives.
Décembre 1995 : grande grève contre le « plan Juppé » sur la réforme de la SNCF.

4. Expliquez le titre avec vos mots.

Objectif Relier l'information textuelle à son titre.

Démarche Pour ne pas égarer vos apprenants dans un texte long, orientez-les tout de suite vers le 4e paragraphe pour qu'ils y repèrent l'une des caractéristiques des « gilets jaunes », qui explique le titre et le type de revendication.

UNITÉ 8 — ON LÂCHE RIEN !

5. Dans votre pays, est-il courant de manifester ? Si non, comment le peuple exprime-t-il son mécontentement ?

Objectif S'approprier l'information textuelle en l'appliquant à son propre pays (objectif interculturel).

Démarche Laissez vos apprenants exprimer leurs opinions et connaissances spontanément.

Travailler la langue

6. Relevez les mots et expressions employés pour parler de la contestation.

Objectif Se construire un lexique de la contestation.

Démarche Demandez à vos apprenants de souligner très systématiquement dans le texte le lexique relatif à la contestation. Lors de la mise en commun, notez au tableau sous leur dictée, puis faites un choix de ce qu'il sera utile de retenir, et profitez-en pour mettre les nuances en lumière.

> **CORRIGÉS**
>
> 6. Manifester leur mécontentement et leur colère – contestataires – révoltes – mobilisation – manifestations – revendications – exprimé leur grogne – poussant des coups de gueule.

7. Repérez dans le deuxième paragraphe les cinq synonymes du mot « colère ». Lequel est le plus familier, selon vous ?

Objectif Nuancer le lexique précédent selon les niveaux de langue.

Démarche Ces cinq synonymes auront sans doute fait partie du relevé précédent, faites-les repérer. Si ce n'est déjà fait, indiquez les nuances et les niveaux de langue.

> **CORRIGÉS**
>
> 7. Grogne – coups de gueule – ras-le-bol – indignation – mécontentement.

8. Observez ces phrases ? Par quoi peut-on remplacer *ce que* et *ce qui* ?

Objectif Acquérir les moyens de la mise en relief.

Démarche Travaillez tous ensemble, et faites bien percevoir la différence de focalisation.

> **CORRIGÉS**
>
> 8. **Ce qui** = la variété des sensibilités politiques des manifestants (sujet)
> **Ce que** = les voitures brulées (COD)

9. Complétez le tableau à l'aide de l'article.

Objectif Acquérir les moyens de la mise en relief.

Démarche Notez au tableau (ou mieux, faites repérer dans le texte) toutes les occurrences de la mise en relief du texte et faites-en ressortir les constructions.

> **CORRIGÉS TABLEAU DE GRAMMAIRE**
>
> 9. LA MISE EN RELIEF (2)
> - **C'est / ce sont** + nom
> - **C'est de** + infinitif
> - **Ce qui** + verbe
> - **Ce que** – **C'est/Ce sont** + sujet

→ CAHIER D'EXERCICES
- **En autonomie** : Pour travailler la mise en relief, renvoyez vos apprenant aux exercices 1, 2 et 3 page 62.

Regarder, comprendre et réagir

10. Regardez l'extrait du discours du président Emmanuel Macron du 10 décembre 2018. Quels sont les deux thèmes traités ? [SE]

Objectif Détecter la double visée d'un discours.

Démarche Dites à vos apprenants que le discours d'Emmanuel Macron a été attendu pendant longtemps, et qu'on se demandait sur quoi il allait le focaliser. Passez l'audio et faites noter. Ensuite, discutez en groupe classe des perceptions.

> **CORRIGÉS**
>
> 10. Les revendications et les violences durant les manifestations.

11. Réécoutez les deux premières minutes du discours et entourez les termes entendus.

Objectif Détecter la double visée d'un discours sous forme de mots clés.

Démarche Les mots-clés d'un texte en sont une forme de résumé (c'est la manière de répertorier sur Internet). Rappelez cela à vos apprenants et faites-leur repérer ceux du début du discours ; obtiennent-ils une image qui correspond à leur résumé mental du discours ?

> **CORRIGÉS**
>
> 11. revendication – violence – colère – désordre – anarchie – liberté – désaccord – paix civile – indignation.

ON LÂCHE RIEN ! UNITÉ 8

12. Que pensez-vous de sa manière de s'exprimer? De son langage corporel? Comparez avec d'autres chefs d'État que vous connaissez.

Objectif Analyser le paratexte d'une intervention orale : le comportement non-verbal.

Démarche Expliquez à vos apprenants que l'on a beaucoup commenté le comportement non-verbal des chefs d'État français (les humoristes imitent les mouvements d'épaules et de tête de Sarkozy, les manches trop courtes et le sourire niais de Hollande), et que tout le monde a un comportement non-verbal dont il est bon d'être conscient quand on doit intervenir en public. Faites alors observer et commenter celui de Macron (un adjectif peut-il le qualifier ?). Puis, évoquez celui d'autres dirigeants, voire l'imiter.

13. Est-ce que le/la chef/fe d'État de votre pays s'adresse directement au peuple à la télévision ? À quelles occasions ?

Objectif S'approprier une information en l'appliquant à son propre pays.

Démarche Laissez vos apprenants s'exprimer librement et s'interroger entre eux.

14. À deux, réagissez à ce discours et répondez aux questions suivantes.

Objectif Réagir cognitivement et affectivement à un discours (et à sa propre réception d'un texte oral).

Démarche Faites réagir spontanément à chaque question, une à la fois.

Retrouvez la vidéo et les activités sur espacevirtuel.emdl.fr

Produire et interagir

15. Dans votre pays, qu'est-ce que vous trouvez juste ou injuste ? Qu'est-ce qui vous fâche ? Échangez en petits groupes.

Objectif Utiliser le lexique de l'indignation et les moyens de mise en évidence pour parler de ses mécontentements sociaux personnels.

Démarche Laissez fonctionner les petits groupes spontanément, puis demandez un rapport pour chaque groupe (*dans notre groupe, ce qui nous agace, c'est... ; et ce qui nous met franchement en colère, ce sont...*).

16. En petits groupes, imaginez que vous faites partie des « Chaussures vertes », un mouvement social. Expliquez à la classe les raisons de votre colère et les formes de votre contestation.

Objectif Utiliser le lexique de l'indignation et les moyens de mise en évidence pour parler de mécontentements sociaux réels ou imaginaires.

Démarche Incitez vos apprenants à faire preuve d'imagination, voire de fantaisie. Faites échanger les productions et y réagir.

17. Écrivez deux mots de cette double-page sur deux feuilles. Formez deux équipes. À tour de rôle, tirez au sort un mot et faites-le deviner à la classe. L'équipe qui trouve le mot marque un point.

Objectif Réutiliser la mise en relief.

Démarche Laissez du temps individuellement pour trouver les mots. Ensuite, formez les équipes et jouez.

18. À deux, faites le point sur vos compétences en compréhension orale et écrite du français. Quelles stratégies utilisez-vous ? Quelles sont vos difficultés ? Que pourriez-vous faire pour progresser ?

Objectif Utiliser les moyens de mise en évidence pour parler de ses compétences en apprentissage du français.

Démarche Laissez d'abord un moment de réflexion personnelle, puis faites échanger et extraire des points communs (*en compréhension orale, ce qui nous perturbe tous...*).

UNITÉ 8 — ON LÂCHE RIEN !

DOSSIER 01 | CONSTRUIRE ET CRÉER | P. 118-119

Avant de lire

1. Diriez-vous que les hommes et les femmes sont égaux dans votre pays ? Quels sont les domaines où l'inégalité est la plus forte ? Et la plus faible ? **SL 2**

Objectif Mobiliser ses convictions, connaissances et expériences sur le thème du texte qui suit.

Démarche Rappelez à vos apprenants que l'égalité hommes-femmes et le respect vis-à-vis des femmes est une préoccupation mondiale aujourd'hui, largement relayée par les médias francophones et entretenue par divers événements. Qu'en est-il chez eux ? Laissez-les réagir spontanément.

CORRIGÉS

1. Exemples de domaine : les salaires – les tâches ménagères – l'éducation – la vie politique.

Lire, comprendre et réagir

2. Lisez l'article. De quoi s'agit-il ? À quelle occasion ?

Objectif Trouver l'action.

Démarche Laissez du temps à vos apprenants pour lire le texte. Corrigez en groupe classe.

CORRIGÉS

2. À l'occasion du 8 mars pour la Journée de la femme, le média apporte son appui à des revendications.

3. Que signifie le verbe « exiger » ? Cochez, puis expliquez le titre à l'aide d'éléments de l'article.

Objectif Faire des hypothèses sur le sens du mot-clé d'un titre.

Démarche En l'absence de contexte textuel utile (le titre est très court) sur lequel s'appuyer, faites observer la photo et la rubrique (et le contexte général de l'unité) et faites faire des hypothèses. Faites aussi vérifier dans un dictionnaire.

CORRIGÉS

3. Réclamer fermement (demander de manière forte ce que l'on pense avoir le droit d'obtenir). C'est le moment de demander ce à quoi les femmes ont droit depuis longtemps, c'est-à-dire des meilleures conditions de vie, une égalité face à l'emploi…

4. Lisez les quatre extraits du *Manifeste des femmes*. D'après vous, qu'est-ce qu'un manifeste ?

Objectif Émettre des hypothèses sur la nature d'un genre de texte.

Démarche Faites observer la structure du texte de droite et les entames de chaque paragraphe, et en déduire la nature d'un « manifeste ». Puis, faites vérifier dans un dictionnaire.

CORRIGÉS

4. C'est une déclaration écrite dans laquelle un programme, des revendications ou des exigences sont notés.

5. À quel domaine se rapporte chaque extrait ?

Objectif Repérer les mots-clés de chaque paragraphe.

Démarche Laissez d'abord souligner individuellement les mots-clés de chaque paragraphe, puis mettez en commun.

CORRIGÉS

5. Domaine professionnel – domaine public – domaine politique – domaine familial.

6. Quelle exigence vous semble la plus urgente ? Pourquoi ?

Objectif Réagir cognitivement à une information textuelle.

Démarche Laissez échanger librement, les avis pouvant être très différents. Insistez donc sur le pourquoi ?

7. Quels sont les avancées ou les reculs des droits et de la condition des femmes dans votre pays ? Échangez en classe.

Objectif S'approprier une information textuelle en l'appliquant à son propre pays.

Démarche La question a déjà été plus ou moins abordée dans l'activité 1. Focalisez-la donc sur « avancées/reculs » par rapport à une époque antérieure. Signalez en effet à vos apprenants qu'en Europe, les femmes ont parfois l'impression de perdre du terrain acquis ; serait-ce le contraire chez eux, ou pas ? Laissez discuter librement.

ON LÂCHE RIEN ! **UNITÉ 8**

Travailler la langue

8. Quels verbes connaissez-vous pour formuler une demande ou exprimer une volonté ? Échangez à deux, puis classez-les du plus poli au plus autoritaire.

Objectif Nuancer le lexique de l'expression de la volonté.

Démarche Faites d'abord réaliser le relevé des verbes d'un champ lexical déjà travaillé (en s'aidant du texte du manifeste de gauche), puis classer, ce qui est plus subtil. Écrivez, sous la dictée de vos apprenants un classement, à discuter au tableau.

> **CORRIGÉS**
>
> 8. J'aimerais – je voudrais – je souhaiterais – je demande – je désire – j'ai besoin de – je veux – j'exige – j'ordonne – j'interdis – j'oblige.

9. Relisez les exigences du *Manifeste des femmes*, puis complétez le tableau.

Objectif Réviser la construction des verbes de volonté.

Démarche Avant même de compléter le tableau, demandez à vos apprenants de repérer dans le manifeste deux constructions différentes de verbes de volonté et d'essayer d'en expliquer le pourquoi. Ensuite, faites compléter le tableau.

> **CORRIGÉS TABLEAU DE GRAMMAIRE**
>
> 9. EXPRIMER UNE VOLONTÉ
> **Exiger** – **obliger**. On peut aussi utiliser **aimer** conjugué au **conditionnel**.
> • Verbe + infinitif
> Ex. : *Nous voulons avoir de nouveaux droits.* (La phrase n'est pas dans le texte).
> • Verbe + **que** + phrase au subjonctif
> Ex. : *Nous exigeons que les organismes et les entreprises qui reçoivent du financement public aient l'obligation d'atteindre la parité femmes/hommes au sein de leurs instances décisionnelles.*

→ CAHIER D'EXERCICES

- **En autonomie** : Pour approfondir sur l'expression de la volonté, renvoyez vos apprenant aux exercices 4, 5, 7, 8 et 9 pages 62 et 63.
- **En classe** : Faites faire en petits groupes l'exercice 6 page 63.

Écouter, comprendre et réagir

10. Écoutez ces slogans entendus pendant des manifestations. De quoi parlent-ils ?
🎧 31

Objectif Détecter le domaine visé par des slogans.

Démarche Passez l'audio plusieurs fois si nécessaire, et dites à vos apprenants de répondre individuellement. Ensuite, faites une mise en commun.

> **CORRIGÉS**
>
> 10. 1. Trop de médias donc plus de réelles informations
> 2. La révolte des étudiants face au peu de moyens
> 3. Les problèmes liés à l'environnement
> 4. Les problèmes liés à l'énergie nucléaire
> 5. L'inégalité face aux salaires entre les hommes et les femmes.

11. Réécoutez les slogans et notez-les. Puis, à deux, comparez vos notes et corrigez-les si nécessaire.

Objectif Tout comprendre d'une écoute, textuellement.

Démarche Faites tout réécouter (plusieurs fois à nouveau, si nécessaire) et noter individuellement, puis mettez en commun. Profitez-en pour vérifier les réponses à l'activité précédente.

> **CORRIGÉS**
>
> 11. 1. Média partout, info nulle part !
> 2. Étudiants en colère, y en a marre de cette galère !
> 3. Pas de nature, pas de futur !
> 4. Ni nucléaire ni effet de serre, changeons d'air !
> 5. À travail égal, salaire égal !

12. Pourquoi ces slogans sont-ils efficaces, selon vous ?

Objectif S'approprier une information en la jugeant.

Démarche Laissez vos apprenants réagir spontanément, mais débrouillez-vous pour que les critères de réussite d'un slogan (utiles pour l'activité 14) soient mis en évidence : brièveté, assonance, rythme.

> **CORRIGÉS**
>
> 12. Ils sont courts, donc on les mémorise facilement. Il y a une rime et cela crée une certaine musicalité dans nos cerveaux pour mieux les retenir.

Produire et interagir

13. À deux, mimez une demande ou une volonté. La classe formule la demande avec le verbe adéquat.

Objectif Jouer des nuances des moyens d'expression de la volonté pour décrire un comportement.

Démarche Faites d'abord penser aux diverses situations possibles où s'exprime une volonté, puis préparer la mise en scène de l'une d'elles, à deux, l'un en étant l'émetteur et l'autre le destinataire. Puis, faites jouer chaque groupe et faites décrire l'action par les

137

UNITÉ 8 ON LÂCHE RIEN !

spectateurs. Vous pouvez prolonger le jeu en incitant les spectateurs à demander une modification de comportement (*maintenant, supplie-la de…*).

14. À deux, choisissez un thème de société qui vous touche. Rédigez des slogans sur le modèle de l'activité 11 (rime et rythme) et scandez-les.

Objectif Utiliser le rythme et la rime et/ou les moyens d'expression de la volonté pour créer des slogans.

Démarche Faites d'abord lister les thèmes de société qui concernent chaque groupe, puis demandez-leur de rédiger en jouant sur les sonorités, la brièveté et le rythme. Demandez à chaque groupe de présenter leur slogan à la classe. Votez pour les slogans préférés de la classe.

15. Lisez le début du poème *Je veux*, de Jorge Bucay. À votre avis, à qui s'adresse-t-il ? À deux, écrivez la suite.

Objectif Utiliser les moyens d'expression de la volonté pour s'exprimer grâce à la poésie.

Démarche Discutez d'abord ensemble du/des destinataire(s) possible(s) du poème (parents, partenaire, ami, etc.), puis regroupez par deux, des apprenants qui imaginent le même partenaire, et laissez-les compléter le poème. Faites afficher, réciter, lire et élire.

DÉFI #01
RÉDIGER LE MANIFESTE D'UNE SOCIÉTÉ IDÉALE

Objectif Comme dans tous les défis, l'objectif est la mobilisation de toutes les ressources linguistiques installées dans le dossier 1, à savoir le lexique de la revendication, les moyens de la mise en relief et l'expression de la volonté. Le produit textuel attendu est similaire à celui de la page 118 et actionnellement, la tâche exige des apprenants qu'ils s'approprient les aspects de la thématique travaillés dans l'unité pour se définir en tant que citoyens d'une société idéale.

Démarche Faites bien observer qu'un manifeste aborde plusieurs domaines de revendication et qu'une première discussion s'impose à ce propos. Un consensus sur la teneur des revendications doit également se dégager dans les petits groupes, ce qui augure des discussions qui se prolongeront aussi lors de l'élaboration du manifeste final. Le plus gros de cette tâche consiste donc dans l'échange, ce qui devrait vous inciter à contrôler ce qui se déroule dans les groupes.

DÉFI #01 NUMÉRIQUE
espacevirtuel.emdl.fr
Ce défi existe également en version numérique dans laquelle les élèves peuvent créer leur manifeste sur www.canva.com
Rendez-vous sur espacevirtuel.emdl.fr

ON LÂCHE RIEN ! **UNITÉ 8**

DOSSIER 02 Les incivilités

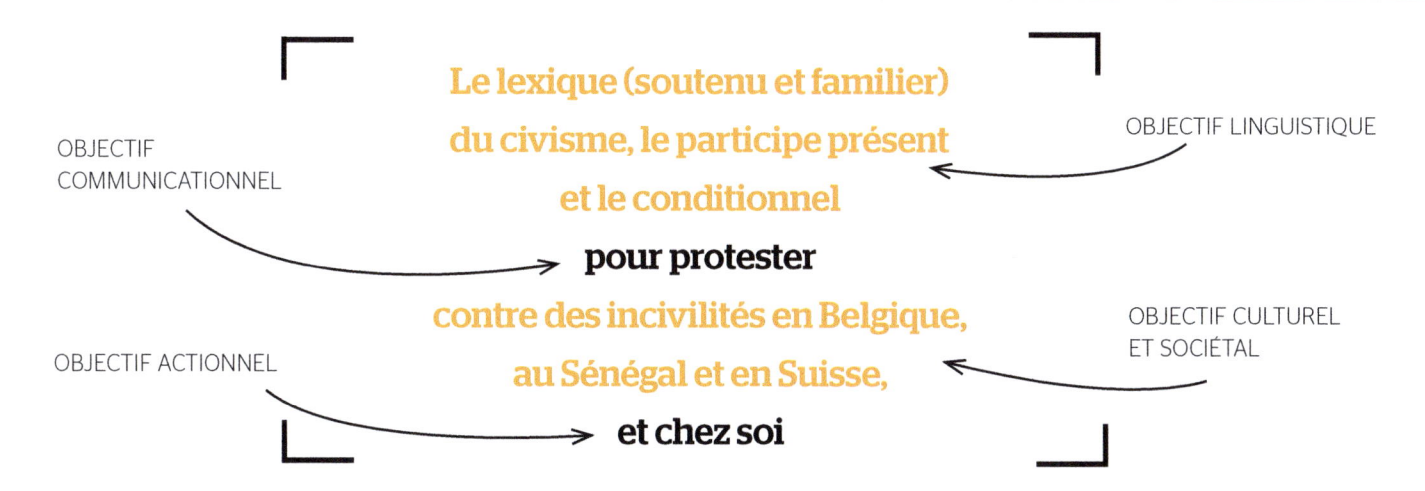

OBJECTIF COMMUNICATIONNEL

OBJECTIF LINGUISTIQUE

OBJECTIF CULTUREL ET SOCIÉTAL

OBJECTIF ACTIONNEL

Le lexique (soutenu et familier) du civisme, le participe présent et le conditionnel

pour protester

contre des incivilités en Belgique, au Sénégal et en Suisse,

et chez soi

DOSSIER 02 | DÉCOUVRIR | P. 120-121

Lire, comprendre et réagir

1. Observez les pictogrammes sans lire les légendes. À deux, décrivez les incivilités illustrées. Puis, faites le lien entre les dessins et les mots dans les légendes. **SL1**

   Objectif Exploiter le paratexte (illustrations) d'un document pour faire des hypothèses sur son contenu et acquérir des termes du champ lexical de l'incivilité.

   Démarche Expliquez d'abord le terme « incivilité » dans la question, en faisant faire des hypothèses sur la composition du mot et en étendant éventuellement le travail à d'autres termes : (in)civisme, citoyen(-neté), etc., anticipant ainsi sur l'activité 5 (que vous pouvez ou non traiter tout de suite). Puis, laissez travailler seuls ou par deux, et mettez en commun.

   CORRIGÉS

   1. Réponses possibles
   laisser les crottes de chiens dans la rue – mettre les poubelles dehors alors que le camion poubelle est déjà passé – faire pipi dans la rue ou dans un espace public – faire beaucoup de bruit alors qu'il est tard – insulter un policier – jeter des bouteilles dans la rue – faire des graffitis dans un lieu qui n'est pas le sien.

2. Quelles incivilités n'avez-vous jamais commises ? Échangez en petits groupes.

   Objectif S'approprier une information textuelle en l'appliquant à soi-même et, du même coup, prendre conscience de ses propres comportements.

   Démarche Amenez vos apprenants à faire leur examen de conscience d'abord seuls, en observant les pictogrammes, puis faites partager : quelles sont les incivilités non pratiquées par la classe ?

3. Parmi ces incivilités, y en a-t-il qui sont punies par la loi dans votre pays ? En existe-t-il d'autres ?

   Objectif Mobiliser ses connaissances pour s'approprier une information textuelle en l'appliquant à son propre pays.

   Démarche Laissez discuter spontanément, voire faire des recherches.

4. Lisez la lettre du bourgmestre de Woluwe-Saint-Pierre. Pourquoi lutte-t-il contre les incivilités ? De quel moyen dispose-t-il ? Expliquez avec vos mots.

   Objectif Détecter la visée d'un texte et les moyens de sa mise en œuvre.

   Démarche Expliquez d'abord que Woluwe-Saint-Pierre est une des communes de Bruxelles et que le bourgmestre est l'équivalent du maire en France. Puis, demandez ce qu'il veut, ce bourgmestre ? Et comment ? Demandez à vos apprenants de souligner seuls les phrases qui expriment la visée du bourgmestre, et de les expliquer. Puis, faites une mise en commun.

   CORRIGÉS

   4. Pour avoir une commune où vivre mieux – de sanctions administratives.

139

UNITÉ 8 — ON LÂCHE RIEN !

5. À l'aide du texte, associez les mots aux définitions.

Objectif Différencier les sens de mots d'un même champ.

Démarche Laissez travailler seuls, puis corrigez tous ensemble en faisant bien percevoir les nuances.

> **CORRIGÉS**
>
> **5.** La civilité : c'est la politesse, le respect des gens et des choses.
> Le civisme : c'est l'ensemble des droits et des devoirs d'un citoyen dans la collectivité.
> La citoyenneté : c'est le respect des lois.

6. Que fait votre ville pour favoriser le civisme et la civilité ?

Objectif S'approprier une information textuelle en l'appliquant à son propre environnement.

Démarche Laissez échanger spontanément.

7. Est-ce que le respect des personnes et des biens publics est une valeur importante dans votre pays ?

Objectif S'approprier une information textuelle en l'appliquant à son propre environnement.

Démarche Laissez échanger spontanément.

Regarder, comprendre et réagir

8. Regardez cette vidéo sur le collectif Save Dakar, au Sénégal. De quoi s'occupe-t-il ? SE

Objectif Détecter l'objectif d'un groupement.

Démarche Passez la vidéo et laissez vos apprenants repérer individuellement, puis faites une mise en commun.

> **CORRIGÉS**
>
> **8.** Il dénonce la détérioration de la qualité de vie à Dakar, en postant des photos sur les réseaux sociaux.

9. Qu'est-ce qui détériore la qualité de la vie à Dakar ?

Objectif Repérer une information précise dans une vidéo.

Démarche Ne repassez la vidéo que si l'information n'a pas déjà été repérée au premier visionnage.

> **CORRIGÉS**
>
> **9.** La saleté, la pollution, la circulation et les incivilités.

10. Que fait le collectif dans les écoles ?

Objectif Repérer une information précise dans une vidéo.

Démarche Ne repassez la vidéo que si l'information n'a pas déjà été repérée au premier visionnage.

> **CORRIGÉS**
>
> **10.** Il sensibilise les enfants à ne pas jeter leurs déchets par terre et à ne pas détériorer le paysage de la ville de manière générale.

Retrouvez la vidéo et les activités sur espacevirtuel.emdl.fr

Mon panier de lexique

Quels mots liés à la vie en société voulez-vous retenir ? Écrivez-les.

Objectif Conscientiser l'acquisition lexicale réalisée inconsciemment lors des activités de compréhension antérieures et la fixer.

Démarche Le texte n'est pas bien long, mais contient beaucoup de mots utiles pour parler du respect de la vie en société. Faites-les d'abord noter de mémoire, puis insistez pour un retour très systématique sur le texte. Réalisez une mise en commun au tableau, et profitez-en pour faire repérer aussi des formulations courantes (*constater une incivilité, nuire à la qualité de, un déficit de, l'emporter sur,* etc.).

Vous pouvez également renvoyer vos apprenants sur espacevirtuel.emdl.fr où ils auront la possibilité de constituer un nuage de mots via https://wordart.com.

ON LÂCHE RIEN ! **UNITÉ 8**

DOSSIER 02 | CONSTRUIRE ET (INTER)AGIR | P. 122-123

Avant de lire

1. À quel problème du quotidien ce dessin fait-il référence ? Est-ce un problème répandu dans votre pays ?

Objectif Exploiter le paratexte (illustration) d'un document pour anticiper sur sa thématique.

Démarche Observez et commentez tous ensemble le dessin humoristique même si le jeu de mots n'est pas perçu immédiatement (voir activité 2). Faites décrypter les caractéristiques de la situation (deux fenêtres et la conversation de fenêtre à fenêtre + le mot-clé : *voisin*).

CORRIGÉS

1. Les disputes entre voisins.

2. Quelle est la différence de sens du verbe « s'entendre » dans les deux bulles ?

Objectif Émettre des hypothèses sur la polysémie d'un terme, pour comprendre un message.

Démarche Entrez dans la problématique, par le biais du jeu de mots et des connaissances de vos apprenants : que se passe-t-il souvent entre voisins proches ? Quel sens a le mot « entendre » dans ce cas (pas nécessairement pronominal) ? Et que signifie « bien ou mal s'entendre avec quelqu'un » (pronominal) ? Donc, à quelle condition peut-on entretenir une bonne relation de voisinage ?

CORRIGÉS

2. S'entendre (1re bulle) : s'apprécier – se comprendre.
   S'entendre (2e bulle) : entendre le bruit.

Lire, comprendre et réagir

3. Lisez la lettre. Quelle est la situation entre monsieur Baras et madame Pilloux ?

Objectif Comprendre le contexte d'énonciation d'un texte : qui ? À qui ? Quoi ? Pourquoi ? Et pour quoi ?

Démarche Laissez d'abord comprendre individuellement, puis mettez en commun.

CORRIGÉS

3. Madame Pilloux se plaint du bruit excessif que fait son voisin monsieur Baras jusque tard dans la nuit.

4. Que fera madame Pilloux si la situation ne s'améliore pas ?

Objectif Repérer une information très précise dans un texte.

Démarche Laissez d'abord comprendre individuellement, puis faites une mise en commun.

CORRIGÉS

4. Elle appellera la police.

5. Comment réagiraient les gens de votre pays dans la même situation ?

Objectif Mobiliser ses connaissances personnelles dans une situation similaire.

Démarche Laissez discuter librement.

6. Avez-vous déjà vécu un problème de voisinage ? Lequel ? Qu'avez-vous fait ? Échangez en petits groupes.

Objectif S'approprier une problématique en l'appliquant à ses propres expériences.

Démarche Laissez raconter librement.

Travailler la langue

7. À quoi correspond chaque paragraphe de la lettre ? Aidez-vous de l'activité 7 page 97 pour répondre.

Objectif Percevoir la structure d'une lettre.

Démarche Laissez d'abord repérer individuellement les parties de la lettre et, lors de la correction, faites repérer les rubriques spécifiques d'une lettre.

CORRIGÉS

7. Formule d'appel – présentation des faits – explication du problème – demande – rappel de la loi – formule de politesse.

8. Est-ce que la lettre vous semble-t-elle polie ? Justifiez votre réponse. Emploie-t-on le même style de langage écrit dans votre pays ?

Objectif Percevoir le niveau de langue et le ton d'un écrit.

Démarche Dites à vos apprenants que la bonne entente entre voisins (et entre chacun d'ailleurs) dépend de la courtoisie avec laquelle on s'adresse à autrui, laquelle tient au respect de l'autre, sans agressivité, quel que soit le problème. Faites alors relever les termes qui paraissent modérés, sans pour autant minimiser le problème. Vous pouvez aussi demander de transposer en plus agressif ou, aussi, en plus familier (deux types d'exercices différents, que vous pouvez prolonger à plaisir en utilisant les *Exercices de style* de Raymond Queneau).

UNITÉ 8 ON LÂCHE RIEN !

9. Relevez dans la lettre les mots et expressions pour parler du bruit.

Objectif Construire un champ lexical du bruit.

Démarche Laissez d'abord repérer individuellement, puis mettez en commun et faites chercher des synonymes de niveaux de langue différents.

> **CORRIGÉS**
>
> **9.** Nuisances sonores – volume excessif – conversations trop fortes – bruits de pas – vacarme – bruits nocturnes – tapage nocturne.

10. Observez ces deux phrases. Qu'exprime la forme verbale en gras ? Cochez la bonne réponse.

Objectif Percevoir le sens du participe présent.

Démarche Laissez d'abord répondre individuellement puis mettez en commun.

> **CORRIGÉS**
>
> **10.** La cause.

11. Pourquoi y a-t-il une forme verbale composée dans la première phrase ? Complétez le tableau.

Objectif Percevoir la différence entre le participe présent simple et la forme composée.

Démarche Laissez d'abord répondre individuellement puis mettez en commun.

> **CORRIGÉS TABLEAU DE GRAMMAIRE**
>
> **11.** LE PARTICIPE PRÉSENT
> Une cause – au présent
> Voir : ayant vu
> Partir : étant parti
> Se disputer : s'étant disputé
> Ne pas se fâcher : ne s'étant pas fâché

➔ **CAHIER D'EXERCICES**
- **En autonomie** : Plusieurs exercices portent sur le participe présent, exercices 10, 11, 12, 13, 14 et 15 pages 63, 64 et 65.

Écouter, comprendre et réagir

12. Écoutez la conversation entre madame Pilloux et monsieur Baras. Quelle est la situation ?
🎧 32

Objectif Percevoir l'enjeu d'une conversation et le rapport de force des protagonistes.

Démarche Laissez d'abord réagir spontanément, puis faites préciser : quel est l'objectif, des deux côtés, de la conversation ? Qui est le plus fort ? Pourquoi ? Qui gagne ?

> **CORRIGÉS**
>
> **12.** Madame Pilloux frappe à la porte de son voisin, car malgré les plaintes il continue à faire beaucoup de bruit et madame Pilloux n'est pas contente. Le voisin est vulgaire et parle mal à madame Pilloux.

13. Écoutez une deuxième fois l'audio. Cochez les phrases entendues.

Objectif Reconnaître des énoncés à l'écoute.

Démarche Faites d'abord bien lire toutes les phrases, puis repassez l'audio et faites cocher au fur et à mesure. Corrigez tous ensemble et revenez ensuite à chaque énoncé pour vous assurer de sa compréhension, indiquer son niveau de langue et son degré d'agressivité et prononcez-les vous-même à nouveau. Lesquels intéressent vos apprenants ?

> **CORRIGÉS**
>
> **13.** espèce de folle – vous arrêtez tout de suite de m'agresser – elle va me lâcher – vous êtes vraiment vulgaire – je n'en peux plus – fous-moi la paix

14. Quels sentiments sont exprimés dans ces trois phrases extraites de la conversation ? Les employez-vous dans votre langue ?

Objectif Percevoir la charge affective d'énoncés et les transférer à soi-même, et son propre contexte.

Démarche Travaillez tous ensemble, et faites énoncer les équivalents dans d'autres langues.

> **CORRIGÉS**
>
> **14.** L'exaspération – la colère – l'agressivité.

15. Comment définiriez-vous la façon de s'exprimer de monsieur Baras ?

Objectif Qualifier un niveau de langue et le respect de l'autre.

Démarche Discutez tous ensemble.

> **CORRIGÉS**
>
> **15.** Il s'exprime de manière vulgaire et déplacé.

16. Connaissez-vous d'autres insultes ou gros mots en français ?

Objectif Étendre le lexique des insultes et gros mots.

Démarche Allez-y tous ensemble, et demandez des recherches si nécessaire !

➔ **CAHIER D'EXERCICES**
- **En classe** : Faites faire les exercices 16 et 17 page 65.

ON LÂCHE RIEN ! **UNITÉ 8**

17. Comment exprime-t-on sa colère dans votre culture ? Comment ce sentiment est-il perçu ?

Objectif Comparer les comportements culturels autorisés en guise d'expression de la colère.

Démarche Laissez chacun parler de sa propre culture, avec des exemples. Quels sentiments éprouvent vos apprenants à l'écoute de l'audio : cela est-il possible chez eux ?

Produire et interagir

18. À deux, imaginez le plus de causes possible à ces situations.

Objectif Utiliser le participe présent pour expliquer des situations.

Démarche Laissez d'abord imaginer individuellement, puis mettez en commun.

19. À deux, choisissez une incivilité et rédigez une scène de dispute entre deux personnes. Puis, jouez-la devant la classe.

Objectif Mobiliser les ressources lexicales du mécontentement, voire des insultes et gros mots, pour mettre en scène une dispute semblable à celle de l'écoute.

Démarche Invitez à d'abord rédiger, ne serait-ce que grossièrement, le script de la scène (qui ? Où ? À quel propos ?), puis faites jouer.

20. À deux, choisissez un des problèmes de voisinage évoqués dans l'activité 6. Rédigez une lettre à ce/tte voisin/e.

Objectif Mobiliser les ressources lexicales du mécontentement, la structure d'une lettre et le participe présent pour écrire une réclamation.

Démarche L'activité s'apparente à une tâche : laissez donc bien le temps à chacun pour rédiger individuellement la lettre relative au problème choisi, sur le ton qui lui conviendra, mais attention à la cohérence de l'ensemble.

DOSSIER 02 | CONSTRUIRE ET CRÉER | P. 124-125

Avant de lire

1. D'après vous, quel est le trait de caractère qui représente le mieux vos compatriotes ? Échangez en classe.

Objectif Mobiliser ses stéréotypes ou ses convictions pour entrer dans la thématique du texte.

Démarche Laissez surgir les réponses spontanément, de la part des apprenants appartenant aux mêmes pays et anticipez à propos des Français, des Belges, des Suisses, des Québécois... bref, des francophones.

2. Lisez le titre. À votre avis, quels bienfaits procure le fait de râler ? Échangez en classe. SL1

Objectif Mobiliser ses convictions pour entrer dans un autre aspect du texte qui suit.

Démarche Pour assurer la cohérence entre les activités (et si cela n'a pas encore été énoncé), signalez que les Français ont une réputation de râleurs et demandez à vos apprenants ce que signifie ce verbe, s'ils le pratiquent beaucoup et quels peuvent être ses bienfaits. Laissez réagir spontanément.

Lire, comprendre et réagir

3. Lisez l'article. Vérifiez et complétez vos hypothèses de l'activité 2. SL6

Objectif Relever tous les arguments au service de la visée d'un article.

Démarche Demandez à vos apprenants de s'armer d'un stylo et de repérer dans le texte, les unes après les autres en les numérotant, les raisons pour lesquelles il est bon de râler. Laissez travailler seuls, puis mettez en commun et vous ferez voir à vos apprenants que le texte ne développe qu'un seul argument ! Mais amorce le développement d'une contre-proposition : trop râler n'est pas bon parce que confine à la dépression (dernier paragraphe).

> **CORRIGÉS**
>
> **3.** Augmente l'espérance de vie.

4. Quels exemples sont avancés pour démontrer que râler est bon pour la santé ? Quels sont les risques ?

Objectif Relever les exemples sur lesquels s'appuient les arguments.

Démarche Une fois le seul argument relevé dans l'activité 3, faites-en repérer les preuves.

143

UNITÉ 8 ON LÂCHE RIEN !

> **CORRIGÉS**
>
> **4.** Les Italiens et les Espagnols connus pour leur sang chaud vivent deux ans de plus que les Britanniques – Les perroquets qui s'expriment quotidiennement ont une espérance de vie plus importante que d'autres oiseaux.
> Risques pour les personnes qui ne râlent pas : des risques d'hypertension – rythme cardiaque et pouls plus élevés.
> Les risques pour ceux qui s'expriment : colère constante peut être – manifester un certain stress – mode de vie déprimant.

5. Pourquoi le pessimisme des Français surprend-il le reste du monde ?

Objectif Repérer une information précise dans un texte.

Démarche Faites relire et repérer le passage précis.

> **CORRIGÉS**
>
> **5.** Car le reste du monde estime que les Français ont beaucoup plus d'avantages que d'autres pays (liberté d'expression, système social et qualité de vie).

6. Selon l'article, pourquoi les Français râlent-ils ?

Objectif Repérer plusieurs informations précises regroupées dans un texte.

Démarche Faites relire et repérer le passage précis.

> **CORRIGÉS**
>
> **6.** Car s'ils ne râlent pas, ils vont se faire marcher dessus et on risque de leur enlever les choses auxquelles ils ont droit.

7. Voyez-vous des stéréotypes sur les nationalités dans l'article ? Échangez en classe.

Objectif Repérer plusieurs informations précises regroupées dans un texte.

Démarche Faites relire et repérer le passage précis.

> **CORRIGÉS**
>
> **7.** Le sang chaud des Italiens et des Espagnols. Ils parlent beaucoup, vite, fort et ont un fort caractère.

8. Selon l'article, râler « c'est le sport national » des Français. Quel est le « sport national » de votre pays ?

Objectif Relever les stéréotypes généralement mobilisés à propos de son propre pays.

Démarche Vos apprenants ont déjà plus ou moins abordé cette question dans l'activité 1, avant de lire le texte ; maintiennent-ils ce qu'ils ont dit alors ? Et leur avis correspondait-il aux stéréotypes généraux ? Laissez discuter librement.

9. En général, contre quoi râle-t-on dans votre pays ? Et vous, qu'est-ce qui vous fait râler ?

Objectif S'approprier la thématique développée dans le texte en l'appliquant à son propre pays et à soi-même.

Démarche Laissez discuter librement.

Travailler la langue

10. Faites un remue-méninges et listez ce qu'on peut exprimer avec le conditionnel présent.

Objectif Réaliser un bilan des emplois du conditionnel présent.

Démarche Laissez surgir ce qui reste dans les mémoires et notez au tableau.

> **CORRIGÉS**
>
> **10.** Le conseil – la suggestion – la possibilité – une hypothèse – une demande polie – le souhait – une information non confirmée.

11. Relisez les deux premiers paragraphes. À votre avis, pourquoi le conditionnel est-il employé ?

Objectif Rappeler la valeur de doute du conditionnel.

Démarche Laissez travailler et réfléchir individuellement, puis mettez en commun. Quelle est la valeur du conditionnel dans ces exemples ?

> **CORRIGÉS**
>
> **11.** Car ce sont des informations non confirmées.

→ **CAHIER D'EXERCICES**
- **En autonomie** : Pour travailler le conditionnel, renvoyez vos apprenant aux exercices 18 et 19 pages 65 et 66.

12. Relevez les mots et expressions liés aux émotions négatives.

Objectif Amplifier le lexique des émotions.

Démarche Faites travailler par deux, systématiquement, dans le texte, et notez un relevé commun au tableau.

> **CORRIGÉS**
>
> **12.** Sautes d'humeur – mauvaise humeur – agacement – irritabilité – colère – stress – déprimant – hantés par des pensées sombres – broyer du noir.

ON LÂCHE RIEN ! **UNITÉ 8**

13. Expliquez les expressions « avoir le sang chaud » et « broyer du noir », en vous aidant du contexte de l'article.

Objectif Faire des hypothèses sur le sens d'expressions inconnues en s'appuyant sur leur contexte.

Démarche Travaillez tous ensemble, et demandez quel est l'équivalent dans la langue de vos apprenants.

> **CORRIGÉS**
>
> 13. Avoir le sang chaud : s'énerver – s'emporter rapidement – avoir un fort caractère.
> Broyer du noir : être déprimé.

Écouter, comprendre et réagir

14. Écoutez ces personnes râler. Quel est le sujet de leur mécontentement ?
🎧 33

Objectif Repérer une très petite information, bien précise (un mot) dans un contexte extrêmement réduit.

Démarche Faites noter par chacun, au fur et à mesure, puis corrigez tous ensemble.

> **CORRIGÉS :**
>
> 14. Elle a oublié son portable – il a renversé son café – il a trop de travail – il ne fait pas beau – une personne le bouscule – l'ordinateur est trop lent – une personne est trop lente devant lui – il ne veut pas aller manger chez les parents de...

15. Réécoutez et relevez les onomatopées utilisées pour râler.

Objectif Acquérir un lexique d'onomatopées liées au mécontentement.

Démarche L'idéal serait d'arrêter l'audio après chaque intervention et de faire imiter (vous-même donnant l'exemple, avec mimique en supplément). Et comment feraient vos apprenants dans leur propre langue ? (voir activité suivante).

> **CORRIGÉS**
>
> 15. Oh naan – Grrr – Pff – Argh – Oh – Rooh.

16. Dans votre langue, quelles onomatopées utilise-t-on pour râler ? Échangez en classe.

Objectif Se livrer à une comparaison interlinguistico-culturelle.

Démarche Incitez vos apprenants à relire leurs notes relatives à propos du mécontentement (activité 14) et faites-les râler à leur tour, dans leur langue. Ensuite, qu'ils expliquent l'onomatopée et la mimique. Cela promet un moment agréable !

Produire et interagir

17. À deux, imaginez les propos de monsieur Râleur et madame Grincheuse dans les endroits suivants.

Objectif Mobiliser le lexique (de tous niveaux) du mécontentement pour imaginer et jouer une scénette de mécontentement.

Démarche Rappelez à vos apprenants les ressources familières de l'audio de l'activité 14 et les onomatopées actuelles, et suggérez-leur d'y aller gaiement !! Faites-les jouer devant la classe.

> **CORRIGÉS**
>
> 17. En voiture : il avance pas et il parle au téléphone en plus !
> Au supermarché : je me mets toujours dans la file la plus lente !
> Dans le bus : c'est pas possible, il prend toute la place, celui-là !

→ **CAHIER D'EXERCICES**
- **En autonomie** : Pour approfondir sur la thématique des émotions négatives, renvoyez vos apprenant aux exercices 20, 21 et 22 page 66.

18. En petits groupes, imaginez que vous êtes avec vos collègues de travail à la machine à café. Discutez des autres collègues, de la météo, des transports, etc., et râlez !

Objectif Mobiliser le lexique (de tous niveaux) du mécontentement pour imaginer et jouer une scénette de mécontentement.

Démarche Toujours au moyen des ressources familières de l'audio de l'activité 13 et des onomatopées. Suggérez d'improviser : un maître du jeu (vous, éventuellement) lance une thématique et les apprenants soi-disant regroupés autour de la machine à café (lieu mythique de nombreuses séries ou sketchs) improvisent sur le thème, à qui mieux...

19. À deux, imaginez les bienfaits des défauts et des mauvaises habitudes suivantes.

Objectif Utiliser le conditionnel pour émettre des hypothèses sur l'aspect positif de comportements réputés comme négatifs.

Démarche Laissez délirer à deux, puis exposer à la classe.

UNITÉ 8 — ON LÂCHE RIEN !

20. À deux, rédigez un court article pour présenter les bienfaits d'un défaut en respectant le plan suivant.

Objectif Utiliser le conditionnel pour développer par écrit l'intérêt possible, mais aussi les risques et les origines culturelles supposées d'un défaut.

Démarche Insistez pour ne pas développer au-delà de quelques phrases, sinon vous entraîneriez dans une tâche (ce qui pourrait d'ailleurs remplacer le défi). L'activité aura, par ailleurs, d'autant plus d'intérêt qu'elle prendra pour cible un défaut réputé national.

DÉFI #02 — ORGANISER UNE RÉUNION PUBLIQUE

Objectif Ce deuxième défi de l'unité 8 a pour objectif linguistique non seulement l'utilisation des ressources linguistiques du dossier 1, qui restent pertinentes, (le lexique de la revendication, les moyens de la mise en relief et l'expression de la volonté), mais aussi ceux du dossier 2, à savoir le participe présent, le conditionnel et les moyens d'expression d'émotions négatives.
Il s'agit cette fois d'un jeu de rôle et, comme dans le premier défi, d'une tâche essentiellement orale, toujours étroitement liée au thème de la citoyenneté.

Démarche Incitez vos apprenants à parler de la ville/du quartier dans laquelle/lequel ils étudient (que ce soit chez eux ou ailleurs), mais c'est leur lieu de vie actuel qu'ils doivent améliorer. Faites bien la part de la recherche individuelle de propositions, auquel vous laisserez le temps nécessaire, et celle de l'échange, où vous inciterez au libre-échange, pas nécessairement amène d'opinions ; autrement dit, faites jouer le jeu ! Attention au nombre de participants à chaque réunion, car chacun doit pouvoir s'exprimer.

DÉFI #02 NUMÉRIQUE
espacevirtuel.emdl.fr
Ce défi existe également en version numérique dans laquelle les élèves peuvent créer la liste de leurs améliorations sur www.genail.ly/fr
Rendez-vous sur espacevirtuel.emdl.fr

ON LÂCHE RIEN ! | **UNITÉ 8**

S'APPROPRIER LES MOTS | P. 126

Les mots assortis

1. Complétez les séries.

Objectif Réutiliser les collocations apprises dans l'unité pour parler des catégories socioprofessionnelles.

Démarche Incitez à compléter individuellement, d'abord de mémoire, puis par un retour éventuel sur l'unité, et mettez en commun.

> **CORRIGÉS**
>
> **1.** bourgeoises
> pauvres – riches

La grammaire des mots

2. Formez les expressions verbales à partir des noms.

Objectif Réutiliser les collocations à base verbale apprises dans l'unité pour parler des comportements de mécontentement.

Démarche Renvoyez si nécessaire à l'unité, pour compléter individuellement en premier lieu ; ensuite, mettez en commun.

> **CORRIGÉS**
>
> **2.** être en colère
> être irrité/e
> être de mauvaise humeur
> être agacé/e
> être mécontent/e
> être indigné/e

Mes mots

3. Associez les mots en étiquettes aux mots « égalité » ou « inégalité ». Vous pouvez ajouter d'autres mots.

Objectif Constituer de mémoire, deux « trésors » de mots relatifs aux (in)égalités.

Démarche Laissez chacun se remémorer un maximum de mots, puis survoler l'unité pour compléter éventuellement. Ensuite, notez au tableau la récolte de la classe et déterminez éventuellement ce qui vous semble devoir être maîtrisé par tous.

> **CORRIGÉS**
>
> **3.** L'égalité : la parité – le partage équitable
> L'inégalité : les écarts – les décalages

4. Définissez les catégories socioprofessionnelles suivantes en illustrant avec un exemple.

Objectif Se souvenir d'un maximum de lexique des métiers en les classant par catégories socioprofessionnelles.

Démarche Après un travail individuel auquel vous laisserez le temps nécessaire, mettez en commun car c'est l'occasion d'une belle révision.

5. Associez chaque expression idiomatique à sa signification.

Objectif Se remémorer par association le sens d'expressions figées

Démarche Après un travail individuel, mettez en commun.

> **CORRIGÉS**
>
> **5.** Ne rien lâcher = être persévérant/e, obstiné/e
> Être la partie émergée de l'iceberg = être visible
> Avoir le sang chaud = avoir un fort caractère
> Broyer du noir = être triste
> Être en tête du classement = être le/la premier(ère)
> Se faire marcher dessus = être dominé/e

UNITÉ 8 — ON LÂCHE RIEN !

DÉFI #03 NUMÉRIQUE
espacevirtuel.emdl.fr

Le défi #03 numérique de l'unité 8 consiste à présenter un mouvement de contestation existant dans le pays des apprenants ou dans une autre partie du monde avec l'outil www.genial.ly/fr

La plateforme numérique espacevirtuel.emdl.fr propose un troisième défi à faire en fin d'unité. Cette tâche indépendante reprend les objectifs pédagogiques de l'ensemble de l'unité, elle représente un challenge pour les apprenants et a un caractère ludique. Elle ne vous demandera pas de temps de préparation en amont. Vos élèves trouveront sur l'Espace virtuel des outils TICE et des liens vers des sites pour faire tous les défis numériques. Avec ces outils, vos apprenants peuvent produire un contenu numérique, seuls ou en groupes, le commenter et le soumettre à la classe. L'Espace virtuel leur permet aussi de partager et d'envoyer leur production. Nous vous recommandons de constituer un mur Padlet dès le début de vos cours pour afficher toutes les tâches numériques réalisées au cours de l'année (voir fiche TICE de l'Espace virtuel > Padlet). Vous retrouvez également sur l'Espace virtuel d'autres fiches destinées aux enseignants pour mieux utiliser les outils TICE.

Rendez-vous sur espacevirtuel.emdl.fr

Êtres différents

09

DOSSIER 01 — Sexisme et parité

OBJECTIF COMMUNICATIONNEL

OBJECTIF LINGUISTIQUE — Le lexique de la politique, l'hypothèse et le conditionnel et l'expression de la nécessité

pour décrire les discriminations sociales, professionnelles et politiques entre sexes

OBJECTIF CULTUREL ET SOCIÉTAL — en Suisse, en France et en Afrique noire

OBJECTIF ACTIONNEL — ou dans l'Histoire

DOSSIER 01 | DÉCOUVRIR | P. 128-129

Lire, comprendre et réagir

1. Lisez la planche de bande dessinée. Quel est le sujet de discussion entre l'animatrice et les enfants ?

Objectif Détecter le thème (voire le contexte) d'une situation de bande dessinée et y réagir.

Démarche Vous pouvez étendre le questionnement à la totalité du contexte de la BD : de quoi s'agit-il ? Où ? À quel propos ? Faites retrouver l'endroit d'énonciation claire de la thématique et réfléchir à l'âge des enfants : situer la discussion à l'école primaire ou secondaire aurait-il été une bonne idée ?

> **CORRIGÉS**
> 1. Les stéréotypes sexistes.

2. Relevez dans la planche les propos des enfants qui posent problème. Les avez-vous déjà entendus ? Vous dérangent-ils ? Avez-vous déjà entendus d'autres propos similaires ? Lesquels ? Échangez en classe.

Objectif Circonscrire la critique implicite d'une BD.

Démarche Reprenez l'énoncé de la thématique dégagé dans l'activité 1 et faites-le reformuler. Ensuite, faites échanger sur d'autres exemples de préjugés sexistes ou autres.

> **CORRIGÉS**
> 2. Tu as une chemise de fille – Gabriel, il a une chemise de fille – le rose, c'est pour les filles – le bleu, c'est pour les garçons.

3. Lisez le texte. Que propose le canton de Genève ? Quel est l'objectif de cette initiative ?

Objectif Repérer une information précise dans une totalité textuelle.

Démarche Faites souligner individuellement, puis corrigez tous ensemble.

> **CORRIGÉS**
> 3. Ils ont publié un guide contre les stéréotypes sexistes à l'école, à destination de toutes les personnes travaillant avec les jeunes. L'objectif est de lutter contre le sexisme à l'école.

4. Comment comprenez-vous l'expression « sexisme ordinaire » ? Échangez en petits groupes, puis proposez une définition à la classe.

Objectif Émettre des hypothèses sur le sens d'une expression inconnue.

Démarche Que serait pour vos apprenants un « sexisme extraordinaire » ? Et donc un « ordinaire » ? Laissez-les réfléchir à partir de cette opposition. Puis, aboutissez ensemble à une définition.

UNITÉ 9 ÊTRES DIFFÉRENTS

> **CORRIGÉS**
>
> **4.** Le sexisme ordinaire, ce sont des stéréotypes et des représentations collectives qui se traduisent par des mots, des gestes, des comportements ou des actes qui excluent, marginalisent ou infériorisent.

5. Quelles sont les conséquences possibles du sexisme ordinaire ? Échangez en petits groupes.

Objectif Réagir à un fait de société discriminatoire.

Démarche Demandez à vos apprenants si cela vaut la peine de s'opposer au « sexisme ordinaire », et pourquoi ? Comment réagissent-ils devant un fait de cet ordre en tant que parent, ami, partenaire ?

6. Selon vous, est-ce approprié de parler de préjugés et de sexisme dès l'école maternelle ?

Objectif Réagir à des prises en charge de faits de société discriminatoires.

Démarche Laissez réagir librement sans juger vous-même. Puis, faites lire le deuxième paragraphe de la page de gauche : les arguments de la conseillère d'État correspondent-ils à ceux de vos apprenants ?

7. Le sexisme est-il un sujet dont on parle dans votre pays ?

Objectif S'approprier une information textuelle en l'appliquant à son propre pays.

Démarche Laissez réagir librement.

Regarder, comprendre et réagir

8. Regardez sans le son cette vidéo intitulée « *Casse les clichés* » de France 2 avec des présentateurs connus. Faites des hypothèses sur le lieu, le moment et sur ce qu'ils disent. Échangez en classe. SE

Objectif Comprendre le contexte d'une situation présentée en vidéo par son « paratexte ».

Démarche Faites visionner la vidéo et laissez vos apprenants prendre des notes. Ensuite, échangez en groupe classe.

> **CORRIGÉS**
>
> **8.** Au bureau – à la pause-café – les femmes font des remarques sexistes aux deux hommes.

9. Regardez la vidéo avec le son. Que dénonce-t-elle ? Comment ?

Objectif Percevoir la visée d'un « texte » et son procédé argumentatif fondamental.

Démarche Faites visionner une nouvelle fois la vidéo et laissez vos apprenants réagir spontanément, puis mettez en évidence l'ironie en faisant transposer en « sexisme ordinaire ».

> **CORRIGÉS**
>
> **9.** Le sexisme – harcèlement au travail

10. En quoi les remarques et les attitudes des femmes envers leurs collègues hommes sont-elles incorrectes ?

Objectif Détecter l'implicite de propos sexistes pour en faire analyser la teneur exacte.

Démarche Faites examiner chaque attitude pour faire ressortir l'objet précis de l'inconvenance sexiste : de quel(s) aspect(s) des hommes s'intéressent les femmes de la vidéo ?

> **CORRIGÉS**
>
> **10.** Car elles sont déplacées, elles mettent mal à l'aise et elles infériorisent le sexe opposé.

11. Qu'apprend-on à la fin du clip ? Est-ce que cela vous surprend ? Échangez en classe.

Objectif Reformuler la visée d'un clip et y réagir.

Démarche Laissez réagir spontanément et transposer à son propre pays.

> **CORRIGÉS**
>
> **11.** Huit femmes sur dix sont confrontées à des remarques sexistes au travail.

12. À votre avis, pourquoi la vidéo s'intitule-t-elle « *Casse les clichés* » ? La trouvez-vous amusante ?

Objectif Juger de la pertinence d'un titre et d'un ton.

Démarche Laissez réagir librement. Une telle vidéo pourrait-elle être produite par un média de leur pays ?

> **CORRIGÉS**
>
> **12.** *Réponses possibles*
> Car en règle générale, ce sont principalement les femmes et non les hommes qui sont confrontées à des remarques sexistes. Dans cette vidéo, ils ont voulu casser les codes.

ÊTRES DIFFÉRENTS **UNITÉ 9**

Mon panier de lexique

Quels mots de ces pages voulez-vous retenir? Écrivez-les.

Objectif Conscientiser l'acquisition lexicale réalisée inconsciemment lors des activités de compréhension antérieures et la fixer.

Démarche Renvoyez vos apprenants au document de gauche et faites-y relever tous les termes qui paraissent utiles. Notez au tableau et déterminez un noyau dur dont la maîtrise vous semble utile.

Vous pouvez également renvoyer vos apprenants sur espacevirtuel.emdl.fr où ils auront la possibilité de constituer un nuage de mots via https://wordart.com.

Retrouvez la vidéo et les activités sur espacevirtuel.emdl.fr

DOSSIER 01 | CONSTRUIRE ET (INTER)AGIR | P. 130-131

Lire, comprendre et réagir

1. Lisez l'introduction. Qu'est-ce que le projet Macho Mouchkil? Pourquoi ce nom?

Objectif Extraire d'une introduction la visée d'un projet.

Démarche Décomposez éventuellement la question en sous-parties : l'objectif du projet? Comment? Où? Et pourquoi le nom?

CORRIGÉS

1. C'est une série de photos avec des témoignages de différentes personnes qui dénonce le machisme/sexisme – le nom vient du dialecte marocain « Machi Mouchkil » qui veut dire « pas de problème » devenu « macho ».

2. Lisez le témoignage. De quoi parle Margaux? En petits groupes, résumez ses propos.

Objectif Synthétiser un texte.

Démarche Demandez à vos apprenants en quoi consiste le texte de Margaux : son genre, sa structure, son contenu essentiel? (son rapport avec l'introduction?) Laissez d'abord travailler individuellement, puis discutez tous ensemble. Vos apprenants partagent-ils la position de Margaux? Pourquoi?

CORRIGÉS

2. Elle est journaliste et, dans l'un des endroits où elle a travaillé, elle n'était pas autorisée à traiter certains sujets car c'est une fille, et que certains sujets sont destinés aux garçons.

3. Dans le premier paragraphe, pourquoi Margaux dit-elle que sa grand-mère était machiste? Comment comprenez-vous l'expression « des trucs de filles »?

Objectif Justifier une qualification et donc un jugement de valeur de l'auteur par repérage des justifications de celle-ci.

Démarche Expliquez d'abord que le machisme est un mot que l'on utilise généralement pour qualifier les comportements d'hommes. Demandez alors pourquoi Margaux l'applique à sa grand-mère, et en quoi elle a raison ou pas : quelles sont les convictions implicites de la grand-mère? Et donc, que recouvre le mot « trucs »? Faites comparer le comportement de la grand-mère et celui du patron : différences? Similitudes?
Poursuivez, en demandant quelles convictions partagent vos apprenants : celles de Margaux ou celles de la grand-mère et du patron?

CORRIGÉS

3. Car elle estimait que comme c'était une fille, c'était à elle et non pas à son frère de faire les tâches de la maison.
Des trucs de filles : toutes les tâches ménagères.

4. Quels sentiments exprime Margaux dans son témoignage? À deux, nommez-les.

Objectif Inférer le ressenti d'un/e auteur/e.

Démarche Faites d'abord souligner, par deux, les passages où se manifeste un sentiment (par exemple : *cela me rend dingue!*) puis faites nommer le sentiment, au besoin, en recourant au dictionnaire.

CORRIGÉS

4. La colère – l'incompréhension – la frustration.

151

UNITÉ 9 — ÊTRES DIFFÉRENTS

5. Connaissez-vous des personnes ayant subi des discriminations de genre sur leur lieu de travail ?

Objectif S'approprier une information textuelle en l'appliquant à son propre environnement.

Démarche Laissez échanger spontanément en discutant des témoignages relatés.

Travailler la langue

6. Repérez la phrase où Margaux exprime son regret de ne pas avoir fait le reportage en hélicoptère. Observez le verbe puis complétez le tableau.

Objectif Analyser la/les valeur/s du conditionnel passé.

Démarche Notez la phrase attendue au tableau et analysez avec vos apprenants la forme du verbe. Nommez le temps et complétez le tableau ensemble. Faites remarquer que le dernier exemple est d'un tout autre ordre : il énonce un fait comme hypothétique et non un sentiment.

> **CORRIGÉS TABLEAU DE GRAMMAIRE**
>
> **6.** LE CONDITIONNEL PASSÉ
> J'aurais tellement adoré le faire.
> Le conditionnel passé se forme avec l'auxiliaire **avoir** ou **être** au conditionnel présent suivi du participe passé du verbe.

→ CAHIER D'EXERCICES
- **En autonomie** : Plusieurs exercices portent sur le conditionnel passé, exercices 1 et 2 page 70.

7. Observez les hypothèses ci-dessous. Quelle différence voyez-vous : laquelle concerne le présent ? et le passé ? Complétez le tableau.

Objectif Distinguer les hypothétiques irréelles du présent et du passé.

Démarche Travaillez tous ensemble de façon à bien montrer la différence entre présent et passé.

> **CORRIGÉS TABLEAU DE GRAMMAIRE**
>
> **7.** L'HYPOTHÈSE IMAGINAIRE AU PASSÉ
> Si j'étais un mec, je pourrais faire ce sujet. (Le présent)
> Si j'avais été un mec, j'aurais pu faire ce sujet. (Le passé)
> **Si** + plus-que-parfait suivi du conditionnel passé

→ CAHIER D'EXERCICES
- **En autonomie** : Pour travailler l'hypothèse imaginaire, renvoyez vos apprenants aux exercices 3 et 4 page 70.

8. Comment fait-on ce genre d'hypothèses dans votre langue ou dans les langues que vous connaissez ?

Objectif Comparer le système linguistique du français avec le sien.

Démarche Laissez surgir les exemples et, dans la mesure du possible, faites-les expliquer.

9. Trouvez dans le texte le mot équivalent en langue familière.

Objectif Jouer avec les niveaux de langue.

Démarche Laissez travailler par deux, puis corrigez en groupe classe. Quels mots pourraient être retenus et utilisés, dans quel contexte ? Donnez des informations sur leur degré de familiarité et leur fréquence d'usage. Le texte est-il familier dans son ensemble ? Faites relever des formules particulièrement familières.

> **CORRIGÉS ENCADRÉ DE LEXIQUE**
>
> **9.**
>
> | Langue courante | Langue familière |
> |---|---|
> | Un homme | Un mec |
> | Un enfant | Une gamine (fille) |
> | Des choses | Des trucs |
> | Fou | Dingue |
> | Un père protecteur | Un papa poule |
> | Très | Hyper |

→ CAHIER D'EXERCICES
- **En autonomie** : Pour approfondir sur le langage familier, renvoyez vos apprenants aux exercices 5 et 6 pages 70 et 71.

Produire et interagir

10. En petits groupes, exprimez vos regrets sur votre scolarité et sur votre travail.

Objectif Utiliser le conditionnel passé ou présent pour se dire et connaître les autres par rapport aux études et à la profession.

Démarche Laissez réfléchir et écrire individuellement, puis échanger. Veillez à la correction grammaticale.

11. Imaginez votre vie si ces actions s'étaient réalisées.

Objectif Utiliser le conditionnel passé ou présent pour s'imaginer une autre vie.

ÊTRES DIFFÉRENTS UNITÉ 9

Démarche Laissez réfléchir aux faits qui ont failli/ auraient pu se produire et écrire individuellement, puis échanger. Veillez à la correction grammaticale.

12. Écrivez un mot à un/e ex-fiancé/e réel/le ou imaginaire. Exprimez-lui vos regrets ou vos reproches.

Objectif Utiliser le conditionnel passé ou présent pour régler ses comptes avec un ancien partenaire.

Démarche L'activité est délicate. Laissez donc largement ouverte la porte de l'imaginaire et ne faites échanger que si les apprenants sont d'accord.

13. Écrivez sur un Post-it le début d'une hypothèse sur un fait historique. Puis, mélangez-les, et piochez-en un et continuez l'hypothèse.

Objectif Utiliser le conditionnel passé ou présent pour jouer à une variante du cadavre exquis.

Démarche Une variante plus fidèle à la provocation surréaliste du hasard consisterait à poursuivre à l'aveugle le système hypothétique du/de la voisin/e et à se prononcer ensuite sur la pertinence sémantique et la correction grammaticale de la phrase inconsciemment générée.

14. Rédigez un court texte sur une situation où vous vous êtes senti/e discriminé/e. Utilisez les mots en étiquettes.

Objectif Utiliser un lexique familier pour évoquer une situation de discrimination personnelle.

Démarche Laissez le temps nécessaire à la réflexion et à la rédaction, puis redistribuez et faites lire quelques textes par chacun et en narrer un seul aux autres.

Écouter, comprendre et réagir

15. Écoutez cette chronique radio à propos 🎧 34 d'une enquête sur la discrimination dans le monde professionnel. À deux, échangez sur ce que vous avez compris.
SE

Objectif Relever l'essentiel d'une chronique.

Démarche Le texte de la chronique est extrêmement complexe, car il comporte beaucoup de données chiffrées, d'informations de même ordre nuancées par des variations et il est assez peu structuré. Faites donc procéder à une compréhension par étapes, alternant phases individuelles et collectives : perception individuelle spontanée de ce qui peut l'être et échange à deux pour compléter

> **CORRIGÉS**
>
> **15.** Ce document audio nous fait part des chiffres concernant les discriminations dans le monde.

16. Réécoutez l'audio. Prenez des notes, relevez les chiffres et les informations importantes. Puis, en petits groupes, mettez vos notes en commun.

Objectif Relever l'essentiel d'une chronique.

Démarche Faites compléter individuellement ce qui a déjà été noté dans l'activité 15 et échanger cette fois en petits groupes : les notes s'étoffent et vous pouvez déjà inciter à y mettre de l'ordre.

> **CORRIGÉS**
>
> **16.** Un tiers de la population a déjà été discriminé – 34 % de la population active affirme avoir subi une discrimination au travail ces 5 dernières années (41 % de femmes contre 28 % d'hommes) – les femmes noires, arabes ou asiatiques sont confrontée à une discrimination deux fois et demie plus élevée – Les mamans d'enfants en bas âge ou les femmes enceintes sont 2 fois plus discriminées que les autres femmes – les hommes d'origine extra-européenne sont trois fois plus discriminés – un handicapé sur deux déclare avoir déjà été victime de discrimination.

17. Écoutez une dernière fois pour compléter vos notes. Puis, rédigez un résumé du reportage.

Objectif Relever l'essentiel d'une chronique.

Démarche Avant la dernière écoute, incitez à repérer individuellement les vides à combler, et à focaliser son attention sur ceux-ci. Puis, laissez le temps de la rédaction, en insistant pour qu'elle ne porte que sur l'essentiel.

→ **CAHIER D'EXERCICES**
- **En autonomie** : Pour approfondir sur la thématique des stéréotypes, renvoyez vos apprenants aux exercices 7, 8 et 9 page 71.

153

UNITÉ 9 ÉTRES DIFFÉRENTS

DOSSIER 01 | CONSTRUIRE ET CRÉER | P. 132-133

Avant de lire

1. Observez l'illustration. Que dénonce-t-elle ? D'après vous, de quoi va parler l'article ? SL1

Objectif Émettre des hypothèses sur le sujet d'un article à partir de son paratexte (implicite de l'illustration).

Démarche En groupe classe, observez le dessin pour en détailler les composantes (une femme à la tribune, que des hommes en spectateurs, attitude de la dame et drapeau français).

> **CORRIGÉS**
> 1. Très peu de femmes sont à des postes importants en politique.

Lire, comprendre et réagir

2. Lisez le premier paragraphe de l'article. Qu'est-ce que la parité ? Échangez en classe. SL6

Objectif Émettre des hypothèses sur le sens du mot-clé d'un texte.

Démarche Faites observer que le mot apparaît en première ligne (il est le sujet de l'introduction, en première ligne de l'article, et dans le titre principal). Faites-en trouver la définition dans le reste du paragraphe et confirmer par la formation du mot (puis par la consultation d'un dictionnaire).

> **CORRIGÉS**
> 2. Avoir le même nombre d'hommes et de femmes dans un domaine, un secteur ou une entreprise.

3. Lisez l'article. Situez les pays cités sur une carte. En quoi ces pays sont-ils champions de la parité ? Lequel est numéro 1 ?

Objectif Exemplifier la thèse de l'article.

Démarche Faites souligner très systématiquement par chacun, puis renvoyez à une carte en fin de manuel et classez-les.

> **CORRIGÉS**
> 3. Car ils ont nommé au gouvernement autant d'hommes que de femmes.

4. Expliquez avec vos propres mots le titre de l'article.

Objectif Comprendre l'expression clé d'un titre et, par conséquent, la visée d'un article.

Démarche Vos apprenants auront déjà compris que les pays africains dont ils viennent de relever les noms pratiquent une parité hommes-femmes en politique, mais l'article va plus loin : demandez-leur d'expliquer « l'Afrique donne l'exemple » : à qui ? De quoi ? Comprennent-ils maintenant pourquoi l'illustration du début mentionne le drapeau français et représentent des Blancs ?

> **CORRIGÉS**
> 4. En nommant au gouvernement autant d'hommes que de femmes, certains pays africains vont montrer aux autres que c'est possible.

5. Quelles informations vous semblent intéressantes ou surprenantes dans cet article ? Échangez en classe.

Objectif Réagir cognitivement à l'information extraite d'un texte.

Démarche Laissez échanger librement.

6. Lisez l'introduction. Pourquoi Marcus a-t-il posté cet article sur son blog ? Qu'est-ce qui est important pour lui ?

Objectif Percevoir la visée d'une communication de document.

Démarche Laissez repérer spontanément et échanger.

> **CORRIGÉS**
> 6. Faire savoir aux Français que certains pays africains sont en avance concernant la parité hommes-femmes en politique. Il est vraiment important pour lui que les femmes occupent une place dans le paysage politique.

7. Qu'en est-il dans votre pays ? Les femmes sont-elles représentées en politique et dans les grandes entreprises ? Faites des recherches si nécessaire.

Objectif S'approprier une information textuelle en l'appliquant à son propre pays.

Démarche Laissez d'abord échanger spontanément puis confimer/infirmer par quelques recherches sur Internet.

154

ÊTRES DIFFÉRENTS **UNITÉ 9**

Travailler la langue

8. À deux, relevez les mots pour parler de politique, puis classez-les en trois catégories : les personnes, les verbes et expressions.

Objectif Construire un lexique relatif au politique.

Démarche Faites revenir au texte et y procéder à un relevé systématique. Puis, faites une mise en commun.

CORRIGÉS

8. Les personnes : ministres – élus – Premier Ministre
Les institutions : gouvernements – parlements – assemblée – état – ministère de la Paix.
Les verbes et expressions : un remaniement gouvernemental – nommer des gouvernements – la représentativité des femmes au Parlement – formation d'un gouvernement – chapeauter – avoir accès au pouvoir politique.

→ **CAHIER D'EXERCICES**
- **En autonomie** : Pour approfondir sur le lexique de la politique, renvoyez vos apprenants à l'exercice 12 page 72.

9. Voulez-vous connaître d'autres mots pour parler de politique en français ?

Objectif Étendre le lexique relatif au politique.

Démarche Laissez chercher, puis mettez en commun en ajoutant aux trois colonnes antérieures.

10. Relevez dans le post de Marcus les structures impersonnelles pour exprimer une nécessité. Puis, complétez le tableau.

Objectif Acquérir les moyens de l'expression de la nécessité.

Démarche Faites procéder à un relevé systématique dans le texte, puis complétez le tableau tous ensemble (profitez-en pour faire remarquer l'emploi du subjonctif après *que*).

CORRIGÉS TABLEAU DE GRAMMAIRE

10. EXPRIMER LA NÉCESSITÉ
Important - primordial
Il est + ADJECTIF + DE + INFINITIF
Ex. : *Il est important de rappeler...*
Il est + ADJECTIF + QUE + SUBJONCTIF
Ex. : *Il est primordial que les femmes aient accès au pouvoir politique.*

→ **CAHIER D'EXERCICES**
- **En autonomie** : Pour approfondir sur l'expression de la nécessité, renvoyez vos apprenants aux exercices 10 et 11 pages 71 et 72.

11. Quels sont les adjectifs les plus forts ? Aidez-vous d'un dictionnaire, si nécessaire.

Objectif Nuancer une liste de termes plus ou moins synonymes.

Démarche Faites d'abord faire un classement intuitif, puis faites vérifier.

CORRIGÉS

11. Primordial - indispensable.

Produire et interagir

12. Décrivez le système politique de votre pays à un/e camarade à l'aide des activités 8 et 9. Faites des recherches si nécessaire.

Objectif Utiliser le lexique de la politique pour informer sur le fonctionnement de son propre pays.

Démarche Cette activité peut facilement prendre d'énormes proportions, ce qui n'est pas souhaitable : inventez donc un destinataire qui impose simplification et concision (enfants, étrangers, etc.), et laissez le temps à vos apprenants pour rassembler leurs idées (voire faire des recherches), puis pour rédiger au moins un plan et faites échanger.

13. Réagissez au post et rédigez un commentaire sur la parité en politique.

Objectif Utiliser le lexique de la politique pour réagir cognitivement à propos de la parité.

Démarche Il ne s'agit pas non plus de rédiger une thèse sur le sujet mais juste d'énoncer une opinion. Faites rédiger quelques lignes avant de l'afficher et faites lire pour trouver quelqu'un qui partage ses propres opinions.

14. En petits groupes, échangez sur ce qui est primordial, selon vous, en politique.

Objectif Utiliser le lexique de la politique et les moyens d'expression de la nécessité pour indiquer ses propres exigences en politique.

Démarche Laissez un temps de réflexion puis faites échanger ; un consensus dans la classe ?

155

UNITÉ 9 ÊTRES DIFFÉRENTS

15. Continuez l'activité précédente, mais en affirmant le contraire de ce que vous pensez.

Objectif Utiliser le lexique de la politique et les moyens d'expression de la nécessité pour ironiser en matière de priorités politiques.

Démarche La pratique de l'ironie est une forme d'exorcisme : encouragez vos apprenants à y aller fort !

Regarder, comprendre et réagir

16. Regardez cette vidéo sur la parité dans le cabinet de la présidence et des conseillers d'Emmanuel Macron. Quelle est la place des femmes dans l'administration Macron ? [SE]

Objectif Percevoir l'orientation générale d'un texte informatif.

Démarche Précisez bien à vos apprenants qu'il ne s'agit pas de tout comprendre, ni de relever des informations précises, mais bien d'avoir une idée générale sur la parité, et elle est répétée plusieurs fois, sous diverses formes. Passez donc la vidéo une seule fois et faites répondre spontanément.

> **CORRIGÉS**
>
> **16.** 30 % des femmes contre 70 % d'hommes.

17. Quelles informations vous semblent importantes ou surprenantes dans cette vidéo ? Échangez en classe.

Objectif Réagir cognitivement et affectivement à n'importe quelle information du texte en fonction de sa personnalité.

Démarche Récoltez les réactions spontanées, qui peuvent être très diverses.

18. Comment l'Élysée justifie-t-il la place des femmes dans son administration ?

Objectif Repérer et reformuler une information précise d'un texte.

Démarche Repassez la vidéo et, après repérage individuel, mettez en commun.

> **CORRIGÉS**
>
> **18.** Il y a une autocensure de la part des femmes par rapport aux contraintes de ces fonctions politiques.

19. Regardez la fin du reportage. Emmanuel Macron utilise l'expression « avoir le bonnet d'âne de la classe ». Faites des recherches sur cette expression. Pourquoi l'emploie-t-il ?

Objectif Comprendre une expression inconnue et en justifier l'utilisation dans un contexte.

Démarche Faites d'abord risquer des hypothèses en grand groupe, puis que chacun fasse des recherches et en communique le résultat. Dans un deuxième temps, faites expliquer en quoi elle s'applique au contexte.

> **CORRIGÉS**
>
> **19.** Avoir le bonnet d'âne : être le plus mauvais élève – Il ne veut pas être le dernier à avoir une parité hommes-femmes dans son gouvernement.

20. La parité s'est-elle améliorée depuis l'élection d'Emmanuel Macron ?

Objectif Repérer et reformuler une information précise d'un texte.

Démarche Repassez la vidéo si nécessaire, et faites une mise en commun.

> **CORRIGÉS**
>
> **20.** Oui, sous le gouvernement Hollande, il y avait encore moins de femmes.

Retrouvez la vidéo et les activités sur espacevirtuel.emdl.fr

156

DÉFI #01
JOUER UNE INTERVIEW D'UNE CÉLÉBRITÉ

Objectif   L'objectif linguistique du premier défi de l'unité 9 vise la mobilisation des ressources installées dans les pages du dossier 1, c'est-à-dire le lexique de la politique, l'hypothèse et le conditionnel pour exprimer des regrets et l'expression de la nécessité. À vous et à vos apprenants de décider si vous exigez le maintien dans la thématique du dossier (parité hommes-femmes, droits des femmes, en politique ou dans un autre domaine) en privilégiant des personnes qui ont un rapport, de près ou de loin, avec celle-ci. De toutes manières, il y aura une part d'imaginaire plus ou moins importante, plus ou moins farfelue.

Démarche   Pour que ce défi soit une véritable tâche, exigez que vos apprenants lui donnent une dimension d'interview-portrait et ne se contentent pas de quelques phrases ; ils doivent circonscrire le personnage.

DÉFI #01 NUMÉRIQUE
espacevirtuel.emdl.fr

Ce défi existe également en version numérique dans laquelle les élèves peuvent créer et partager leur interview sur www.canva.com. Rendez-vous sur espacevirtuel.emdl.fr

UNITÉ 9 · ÊTRES DIFFÉRENTS

DOSSIER 02 Droits humains, protection et solidarité

OBJECTIF COMMUNICATIONNEL

Le lexique juridique, les divers emplois du subjonctif, et les moyens d'expression de l'antériorité et de la postériorité

OBJECTIF LINGUISTIQUE

→ pour énoncer une opinion

sur des dispositions juridiques relatives à l'égalité des hommes dans le monde, aux migrants en France, aux Noirs en Tunisie

OBJECTIF CULTUREL ET SOCIÉTAL

OBJECTIF ACTIONNEL

→ et chez soi ou dans un pays connu

DOSSIER 02 | DÉCOUVRIR | P. 134-135

Lire, comprendre et réagir

1. Lisez l'éditorial. Qui l'a rédigé ? À votre avis, quel est le rôle de cette personne dans le journal ? Échangez en classe pour définir ce qu'est un éditorial. SL7

Objectif Exploiter le paratexte (photo et en-tête) pour déterminer le statut d'un/e auteur/e d'article (donc définir la nature).

Démarche Commencez par déterminer tous ensemble qui est l'auteur de l'article (nom et fonction), puis incitez à définir ce type d'article appelé éditorial (faites travailler la formation du mot). Ensuite, renvoyez à une définition de dictionnaire.

CORRIGÉS

1. Anna Gamar – c'est sans doute une journaliste qui appartient à la rédaction du journal – un éditorial, c'est un article qu'on trouve au début d'un journal et qui reflète la position ou le point de vue de la rédaction sur un thème d'actualité.

2. Que pense la journaliste de la Déclaration universelle des droits de l'homme ?

Objectif Synthétiser l'éditorial.

Démarche L'activité est difficile, c'est pourquoi vous pouvez la faire précéder d'un décryptage du plan (en béton) de l'article, par exemple en donnant des titres à chaque partie ? Il restera à les relier pour répondre à la question.

CORRIGÉS

2. Elle pense que cette déclaration est utile et essentielle même si elle n'est pas parfaite.

3. Dans le dernier paragraphe, pourquoi la journaliste dit-elle que les États ne peuvent pas tout ?

Objectif Synthétiser le dernier paragraphe.

Démarche Si la réponse n'a pas encore été donnée dans l'activité précédente, focalisez l'attention de vos apprenants sur le dernier paragraphe et faites-en extraire l'idée essentielle.

CORRIGÉS

3. Elle pense que les citoyens ont aussi leur rôle à jouer dans la lutte contre les discriminations.

4. Comment comprenez-vous le titre ? Échangez en classe.

Objectif Émettre des hypothèses sur le sens d'une expression et son exploitation métaphorique en contexte.

Démarche Demandez d'abord à vos apprenants s'ils connaissent l'expression et peuvent l'expliquer. Si non, donnez un exemple classique d'emploi : gens qui se retrouvent après des années et se complimentent sur leur aspect physique inchangé ou œuvre d'art (film, par exemple) qui paraît toujours aussi splendide plusieurs années après sa sortie. Faites alors appliquer au contexte de l'article.

CORRIGÉS

4. C'est une déclaration qui a été écrite il y a 70 ans et qui n'a pas changé depuis.

158

5. Lisez l'encadré *Ah bon ?!* Selon vous, pourquoi l'expression « droits de l'homme » fait-elle débat ?

Objectif Faire des suppositions sur les raisons de traductions diverses.

Démarche Laissez échanger librement.

> **CORRIGÉS**
>
> **5.** *Réponse possible*
> Car dans « droits de l'homme », la femme n'est pas représentée contrairement à « droits humains » qui englobe tous les êtres humains, hommes et femmes.

6. Existe-t-il des éditoriaux dans la presse de votre pays ? Les lisez-vous ? Échangez en classe.

Objectif S'approprier la réflexion sur un genre textuel journalistique en l'appliquant à son pays et à soi-même

Démarche Laissez échanger librement.

Écouter, comprendre et réagir

7. Écoutez cette interview sur une initiative pour aider les personnes sans domicile fixe (SDF). En quoi consiste-t-elle ? [SE]

Objectif Repérer une information précise dans une totalité textuelle.

Démarche Demandez une réponse générale, après une première écoute.

> **CORRIGÉS**
>
> **7.** Les petits commerçants offrent des services aux personnes qui vivent dans la rue, afin de lutter contre leur isolement.

8. Quels sont les petits gestes que proposent les commerçants ? Relevez-les, puis comparez vos notes avec celles d'un/e camarade. Pourquoi ces petits gestes sont-ils importants ?

Objectif Repérer plusieurs petites informations précises dans une totalité textuelle.

Démarche Cette fois, demandez des réponses très précises, qu'il s'agisse des gestes eux-mêmes ou de leurs bénéfices : d'où l'intérêt de se compléter en duo.

> **CORRIGÉS**
>
> **8.** L'accès aux toilettes – un verre d'eau – un bout de pain – réchauffer un plat – recharger un téléphone – appeler les secours – poster un courrier – discuter – manger à table avec des couverts.

9. À deux, relevez ce que dit la personne interrogée sur les cloches. Pourquoi en parle-t-elle ?

Objectif Repérer une information précise dans une totalité textuelle.

Démarche Passez l'audio (ou au moins sa fin) une troisième fois pour expliquer le nom de l'association et le mot « cloche ».

> **CORRIGÉS**
>
> **9.** La cloche vient de la cloche qui était sonnée au XIIe siècle lors des marchés aux Halles, une cloche annonçait le début du marché et une autre sonnait à la fin pour indiquer aux personnes dans le besoin qu'elles pouvaient venir récupérer les invendus. Les trois cloches du Carillon représentent les personnes à la rue, les commerçants et les habitants qui, quand elles résonnent ensemble, forment une harmonie sociale.

10. Que pensez-vous de cette initiative ?

Objectif Réagir cognitivement et affectivement à une information.

Démarche Laissez réagir spontanément.

11. À quelles valeurs de la Déclaration universelle cette initiative correspond-elle ?

Objectif Établir des liens de sens entre deux textes.

Démarche Renvoyez individuellement à l'éditorial pour y souligner les mots qui désignent des « valeurs » (faites définir le terme) mises en œuvre par Le Carillon et mettez en commun.

> **CORRIGÉS**
>
> **11.** Fraternité.

12. Quelle phrase du dernier paragraphe de l'éditorial illustre le mieux l'initiative du Carillon ?

Objectif Repérer une information précise dans une totalité textuelle.

Démarche Laissez réagir spontanément.

> **CORRIGÉS**
>
> **12.** « Il est important que nous fassions preuve d'entraide et de fraternité. »

UNITÉ 9 ÈTRES DIFFÉRENTS

Mon panier de lexique

Quels mots de ces pages voulez-vous retenir ? Écrivez-les.

Objectif Conscientiser l'acquisition lexicale réalisée inconsciemment lors des activités de compréhension antérieures et la fixer.

Démarche Renvoyez vos apprenants au document de gauche et faites-y relever tous les termes qui paraissent utiles. Notez au tableau et déterminez un noyau dur dont la maîtrise vous semble utile.

Vous pouvez également renvoyer vos apprenants sur espacevirtuel.emdl.fr où ils auront la possibilité de constituer un nuage de mots via https://wordart.com.

→ **CAHIER D'EXERCICES**
- **En autonomie** : Pour approfondir sur le lexique de la solidarité, renvoyez vos apprenants aux exercices 13, 14 et 15 page 72.

DOSSIER 02 | CONSTRUIRE ET (INTER)AGIR | P. 136-137

Avant de lire

1. Repérez la ville de Calais sur une carte. À votre avis, pourquoi y-a-t-il des migrants dans cette ville ? **SL1**

Objectif Mobiliser ses connaissances à propos de la thématique développée par le texte à lire.

Démarche Laissez surgir toutes les informations possibles, librement.

CORRIGÉS
1. Car de nombreux migrants souhaitent aller en Angleterre. Calais est la porte d'entrée la plus directe pour se rendre en Angleterre.

Lire, comprendre et réagir

2. Lisez le post. De quelle initiative parle-t-il ? Résumez-la en quelques phrases. Pourquoi cette initiative a-t-elle lieu le week-end ?

Objectif Repérer les informations essentielles d'une présentation.

Démarche Ne faites lire que la première partie du texte et récoltez les informations essentielles, exprimées librement. Faites-les rassembler en une seule phrase.

CORRIGÉS
2. Offrir aux migrants un logement décent le week-end en proposant à des citoyens volontaires d'héberger les migrants. Cette initiative a lieu le week-end, car durant la semaine les migrants essaient de se diriger vers l'Angleterre.

3. Lisez les commentaires. Pour quelles raisons ces personnes se sont-elles investies dans le collectif ?

Objectif Repérer diverses informations très précises éparses dans un texte.

Démarche Faites souligner individuellement d'abord les raisons propres à chaque intervenant, puis mettez en commun. Vous pouvez prolonger en demandant une appréciation de ces raisons.

CORRIGÉS
3. Pour aider – car elle se sent concernée – car l'État ne fait rien pour les migrants – pour avoir un peu de compagnie et partager des moments conviviaux.

4. En quoi est-ce une initiative positive pour les migrants et pour les hébergeurs ? Citez des exemples concrets.

Objectif Repérer diverses informations très précises éparses dans un texte.

Démarche Faites repérer tous les aspects positifs, de part et d'autre, et mettez en commun.

CORRIGÉS
4. Pour les migrants : ça leur permet d'avoir quelqu'un à qui raconter leurs expériences difficiles (« il suffit d'une image à la télé, d'un son et d'un coup, ils se mettent à raconter »). – possibilité de se détendre un peu (« ils écoutent leur musique »).
Pour les hébergeurs : permet de lutter contre l'isolement des personnes âgées (« je suis à la retraite et je vis seule, alors je suis contente d'avoir de la compagnie le week-end »). – permet de mieux connaître ces personnes et de les apprécier (« la plupart du temps on partage des moments heureux et conviviaux »).